Vorwort

Im Bereich der Grundschulmathematik gibt es einige Fähigkeiten und Kenntnisse, deren sichere Beherrschung für ein erfolgreiches Weiterlernen unverzichtbar ist. Dies sind u. a. die Basissätze des „1 + 1" in der Klasse 1, das „kleine 1 × 1" in den Klassen 2 und 3 und die schriftlichen Rechenverfahren in den Klassen 3 und 4.

Das von den Unterrichtswerken vorgesehene Übungsmaterial reicht meist nicht aus, besonders für leistungsschwächere Schüler. Erweiterte Übungsangebote sind notwendig: Wenn in bestimmten Bereichen des Mathematikunterrichts die Grundlagen nicht beherrscht werden, führt das zu gravierenden Schwierigkeiten im weiteren Lernprozeß dieser Schüler.

Die vorliegende Sammlung von 50 Rechenübungsspielen zielt thematisch genau auf einen solchen Punkt, der sich nach allgemeiner Erfahrung in der Klasse 1 im „Zehnerübergang" konkretisiert. Dieser Lerninhalt stellt in Klasse 1 die größte Lernschwierigkeit dar und ist gleichzeitig für das weitere Kopfrechnen im Bereich der Addition und Subtraktion und für alle schriftlichen Rechenverfahren grundlegend.

Methodisch sind die Übungen in der bewährten Form der Rechenspiele gestaltet. Das fördert die Motivation und erleichtert durch *Selbstkontrollmöglichkeiten* den Einsatz bei *innerer Differenzierung*, in *Förderunterricht, Wochenplan* und *Freiarbeit*. 11 verschiedene Spielformen sorgen für den Erhalt der Übungsbereitschaft.

Diese Rechenübungsspiele lassen sich unabhängig vom Lehrbuch oder anderen Übungsmitteln einsetzen. Sie können aber auch eine evtl. schon vorhandene Sammlung **Rechenspiele für die Klasse 1** und **Rechenspiele für die Klassen 1/2** aus dem Verlag Ludwig Auer ergänzen und sind entsprechend zusätzlich numeriert.

Inhalt

Lerninhalt	Aufgabentyp	Spielform	Spiel-Nr.	
Zahlbereich bis 20 Zehnerübergang – Addition	a + b = ☐	Kreuzzahlrätsel	1.2.4.12*)	ZÜ + 1
	a + b = ☐	Bilder aus Punkten	1.2.4.13	ZÜ + 2
	a + b = ☐	Ja-Nein-Spiel	1.2.4.14	ZÜ + 3
	a + b = ☐	Puzzle	1.2.4.15	ZÜ + 4
	a + b = ☐	(Streifen-)Domino	1.2.4.16	ZÜ + 5
	a + b = ☐	(Kreis-)Domino	1.2.4.17	ZÜ + 6
	a + b = ☐	Ausmalen	1.2.4.18	ZÜ + 7
	a + b = ☐	Geheimschrift	1.2.4.19	ZÜ + 8
	a + b + c = ☐	Puzzle	1.2.4.20	ZÜ + 9
	a + b + c = ☐	Bilder aus Punkten	1.2.4.21	ZÜ + 10
	a + b + c = ☐	Irrgarten	1.2.4.22	ZÜ + 11
	a + b + c = ☐	Zahlengefängnis	1.2.4.23	ZÜ + 12
	a + ☐ = c	Puzzle	1.2.4.24	ZÜ + 13
	a + ☐ = c	(Streifen-)Domino	1.2.4.25	ZÜ + 14
	a + ☐ = c	Irrgarten	1.2.4.26	ZÜ + 15
	☐ + b = c	Ausmalen	1.2.4.27	ZÜ + 16
	☐ + b = c	Würfelspiel	1.2.4.28	ZÜ + 17
	☐ + b = c	(Ring-)Domino	1.2.4.29	ZÜ + 18
	☐ + b = c	Ausmalen	1.2.4.30	ZÜ + 19
– Subtraktion	a – b = ☐	Ausmalen	1.2.4.31	ZÜ – 20
	a – b = ☐	Puzzle	1.2.4.32	ZÜ – 21
	a – b = ☐	(Kreis-)Domino	1.2.4.33	ZÜ – 22
	a – b = ☐	(Ring-)Domino	1.2.4.34	ZÜ – 23
	a – b = ☐	(Streifen-)Domino	1.2.4.35	ZÜ – 24
	a – b = ☐	Bilder aus Punkten	1.2.4.36	ZÜ – 25
	a – b = ☐	Ja-Nein-Spiel	1.2.4.37	ZÜ – 26
	a – b = ☐	Würfelspiel	1.2.4.38	ZÜ – 27
	a – b – c = ☐	(Kreis-)Domino	1.2.4.39	ZÜ – 28
	a – b – c = ☐	Ja-Nein-Spiel	1.2.4.40	ZÜ – 29
	a – b – c = ☐	Geheimschrift	1.2.4.41	ZÜ – 30
	a – b – c = ☐	Irrgarten	1.2.4.42	ZÜ – 31

*) Diese Nr. ermöglicht das Einordnen in die Sammlung **„Rechenspiele für die Klasse 1"** (Verlag Ludwig Auer, Best.-Nr. 1600) bzw. **„Rechenspiele für die Klassen 1/2"** (Best.-Nr. 1488). Dort finden sich weitere 11 Spiele zum Thema „Zehnerübergang".

Lerninhalt	Aufgabentyp	Spielform	Spiel-Nr.	
	a − □ = c	Ausmalen	1.2.4.43	ZÜ − 32
	a − □ = c	Ausmalen	1.2.4.44	ZÜ − 33
	a − □ = c	(Flächen-)Domino	1.2.4.45	ZÜ − 34
	a − □ = c	(Flächen-)Domino	1.2.4.46	ZÜ − 35
	□ − b = c	Puzzle	1.2.4.47	ZÜ − 36
	□ − b = c	(Streifen-)Domino	1.2.4.48	ZÜ − 37
	□ − b = c	Geheimschrift	1.2.4.49	ZÜ − 38
− Addition und Subtraktion	a ± b = □	Ausmalen	1.2.4.50	ZÜ ± 39
	a ± b = □	(Ring-)Domino	1.2.4.51	ZÜ ± 40
	a ± b = □	(Kreis-)Domino	1.2.4.52	ZÜ ± 41
	a ± b = □	Geheimschrift	1.2.4.53	ZÜ ± 42
	a ± b = □	Zahlenbaum	1.2.4.54	ZÜ ± 43
	a ± b = □	Bilder aus Punkten	1.2.4.55	ZÜ ± 44
	a ± □ = c	Zahlenbaum	1.2.4.56	ZÜ ± 45
	a ± □ = c	Zahlenbaum	1.2.4.57	ZÜ ± 46
	□ ± b = c	Ausmalen	1.2.4.58	ZÜ ± 47
	□ ± b = c	Ausmalen	1.2.4.59	ZÜ ± 48
	a ± b ∓ c = □	Bilder aus Punkten	1.2.4.60	ZÜ ± 49
	a ± b ∓ c = □	Kreuzzahlrätsel	1.2.4.61	ZÜ ± 50

Spielanleitungen

(Lösungsbilder und Einzelhinweise befinden sich auf den Rückseiten der entsprechenden Kopiervorlagen)

Ausmalen

Material: Spielplan, ein oder mehrere Farbstifte

Ablauf:
- Aufgaben lösen
- die Ergebniszahlen im Bildteil aufsuchen und nach Anweisung einfärben

Kontrolle: Durch Vergleich mit ausliegendem Lösungsblatt (bei einfarbigen Bildern auch Selbstkontrolle durch entstehende Figur)

Tip: Das vorgegebene Lösungsbild sollte vom Lehrer gegebenenfalls ausgemalt werden, um den Vergleich zu erleichtern.

Bilder aus Punkten

Material: Spielplan

Ablauf:
- Aufgaben lösen
- Bildpunkte nach Anweisung bzw. in der Reihenfolge der zugeordneten Ergebniszahlen verbinden

Selbstkontrolle: ein Bild

Tip: ausmalen

Domino (Streifen-, Ring-, Kreis-, Vieleck-)

Material: Dominoteile (Rechtecke, Dreiecke oder Kreissegmente)

Ablauf:
- Dominoteile ausschneiden
- evtl. gekennzeichnetes erstes Kärtchen heraussuchen (enthält links keine Lösungszahl) und Aufgabe lösen
- neues Teil mit passender Lösungszahl rechts anlegen und neue Aufgabe lösen usw.

Selbstkontrolle: gekennzeichnetes letztes Teil bzw. Bild oder Lösungswort

Geheimschrift

Material: Aufgabenblatt mit Schlüssel

Ablauf:
- Aufgaben lösen
- den Ergebniszahlen nach Schlüssel Buchstaben bzw. Wörter zuordnen

Selbstkontrolle: Lösungswort bzw. -zahl

Irrgarten

Material: Spielplan

Ablauf:
- Aufgabe am Startpunkt lösen
- Weg zur Ergebniszahl bzw. nächsten Aufgabe suchen
- neue Aufgabe lösen usw.
- Stop am Zielpunkt

Selbstkontrolle: Erreichen der vorgegebenen Zwischenergebnisse und der Zielzahl

Ja-Nein-Spiel

Material: Spielplan

Ablauf:
- Aufgabe in den Quadraten bzw. Kreisen lösen
- den Pfeilen folgen
- Buchstaben bzw. Zahlen in die Lösungskästchen eintragen (unter dem Rätsel)

Selbstkontrolle: sinnvoller Satz oder richtig gelöste Rechenaufgabe

Kreuzzahlrätsel

Material: Spielplan

Ablauf:
- Aufgaben lösen
- Ergebniszahlen an die durch Buchstaben und Richtung bezeichneten Plätze des Spieles eintragen (Achtung bei mehrstelligen Zahlen senkrecht: Einer immer unten!)

Selbstkontrolle: Doppelbelegung zahlreicher Plätze mit gleicher Ziffer

Puzzle

Material: Spielplan und Puzzleteile

Ablauf:
- Puzzleteile ausschneiden
- Aufgaben lösen (wenn vorhanden)
- passende Puzzleteile auf Spielplan auflegen (Zuordnung: Aufgabe – Ergebnis; evtl. nach anderen vom Lehrer gegebenen Anweisungen)

Selbstkontrolle: Bild

Tip: aufkleben und ausmalen

Würfelspiel

Material: 1 Spielplan und 1 Würfel je Gruppe, je Spieler 1 Spielstein

Ablauf:
- reihum würfeln
- Spielstein entsprechend der Augenzahl vorwärts setzen
- das Erreichen bestimmter Felder kann mit Zusatzaufgaben verbunden sein (Regeln festlegen!).
- Gewinner ist, wer als erster die Zielzahl erreicht bzw. überschreitet.

Kontrolle: durch Spielgegner

Zahlenbaum:

Material: Spielplan

Ablauf:
- an einer beliebigen oder durch eine vollständige Aufgabe ausgezeichneten Stelle des Netzes beginnen
- die Ergebnisse bzw. Operatoren in die leeren Felder eintragen

Selbstkontrolle: an den Knoten stehen Aufgaben mit gleichem Ergebnis

Zahlengefängnis

Material: Spielplan

Ablauf:
- Aufgaben auf dem inneren Kreis lösen
- die „Schlüsselzahl" als Ergebnis eröffnet einen Sektor des mittleren Kreises
- nur die Aufgaben des mittleren Kreises in diesem Sektor lösen
- die „Schlüsselzahl" als Ergebnis eröffnet einen Sektor des äußeren Kreises
- nur die Aufgaben des äußeren Kreises in diesem Sektor lösen, bis die „Schlüsselzahl" auch hier gefunden ist: Das Gefängnis ist geöffnet!

Selbstkontrolle: Die Schlüsselzahl erscheint als Ergebnis genau einmal auf jedem Ring

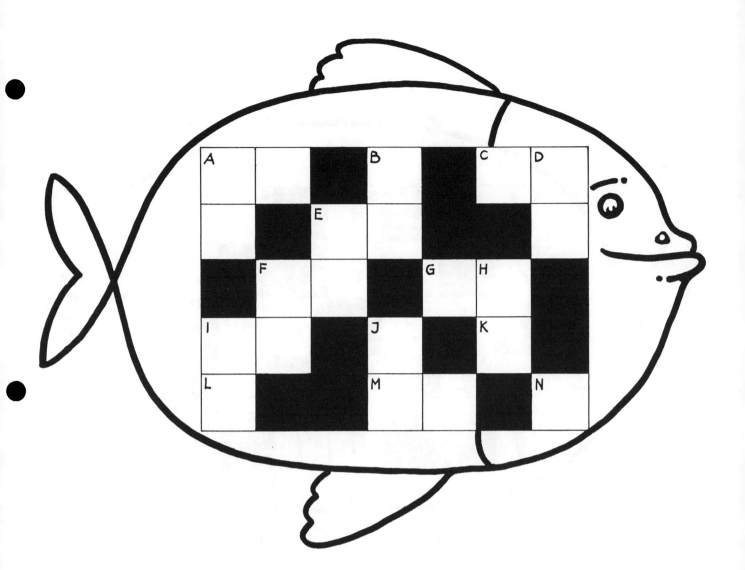

waagerecht →

A 9 + 9 = ___
C 3 + 8 = ___
E 7 + 9 = ___
F 4 + 9 = ___
G 8 + 3 = ___
I 9 + 8 = ___
K 1 + 4 = ___
L 0 + 1 = ___
M 7 + 7 = ___

senkrecht ↓

A 7 + 5 = ___
B 9 + 7 = ___
D 5 + 7 = ___
E 9 + 4 = ___
F 8 + 9 = ___
H 6 + 9 = ___
I 9 + 2 = ___
J 4 + 7 = ___
N 4 + 5 = ___

Lösungen:

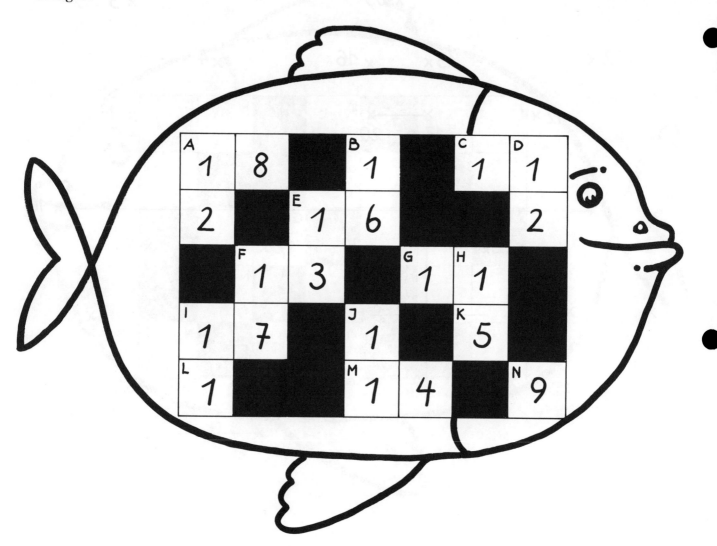

waagerecht →	senkrecht ↓
A 9 + 9 = <u>18</u>	A 7 + 5 = <u>12</u>
C 3 + 8 = <u>11</u>	B 9 + 7 = <u>16</u>
E 7 + 9 = <u>16</u>	D 5 + 7 = <u>12</u>
F 4 + 9 = <u>13</u>	E 9 + 4 = <u>13</u>
G 8 + 3 = <u>11</u>	F 8 + 9 = <u>17</u>
I 9 + 8 = <u>17</u>	H 6 + 9 = <u>15</u>
K 1 + 4 = <u>5</u>	I 9 + 2 = <u>11</u>
L 0 + 1 = <u>1</u>	J 4 + 7 = <u>11</u>
M 7 + 7 = <u>14</u>	N 4 + 5 = <u>9</u>

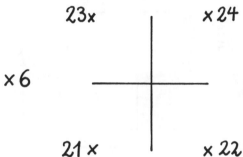

2 + 9 = ___	7 + 8 = ___
9 + 9 = ___	4 + 4 = ___
5 + 7 = ___	9 + 10 = ___
9 + 8 = ___	3 + 4 = ___
4 + 9 = ___	7 + 4 = ___
9 + 7 = ___	*19 + 2 = ___
14 + 6 = ___	17 + 5 = ___
8 + 6 = ___	15 + 9 = ___
5 + 5 = ___	16 + 7 = ___
2 + 7 = ___	15 + 6 = ___

Aus: Krampe/Mittelmann: Rechenübungsspiele zum Zehnerübergang für die Klassen 1 und 2
Verlag Ludwig Auer, Donauwörth · Als Kopiervorlage freigegeben

BILDER AUS PUNKTEN 1.2.4.13 ZÜ + 2

Lösungen:

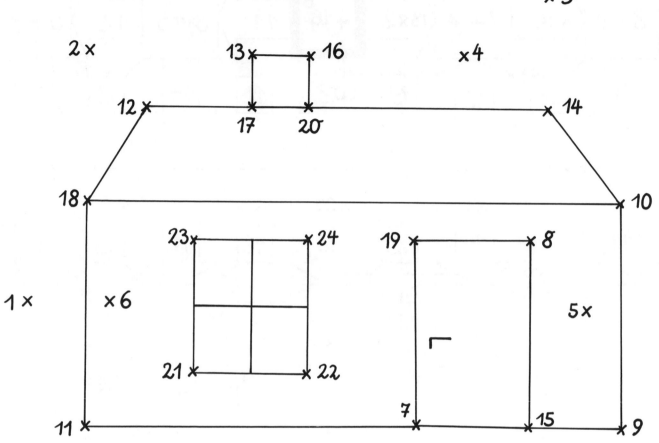

2 + 9 = <u>11</u>	7 + 8 = <u>15</u>
9 + 9 = <u>18</u>	4 + 4 = <u>8</u>
5 + 7 = <u>12</u>	9 + 10 = <u>19</u>
9 + 8 = <u>17</u>	3 + 4 = <u>7</u>
4 + 9 = <u>13</u>	7 + 4 = <u>11</u>
9 + 7 = <u>16</u>	*19 + 2 = <u>21</u>
14 + 6 = <u>20</u>	17 + 5 = <u>22</u>
8 + 6 = <u>14</u>	15 + 9 = <u>24</u>
5 + 5 = <u>10</u>	16 + 7 = <u>23</u>
2 + 7 = <u>9</u>	15 + 6 = <u>21</u>

*) Differenzierungsangebot mit Aufgaben über den zweiten Zehner.

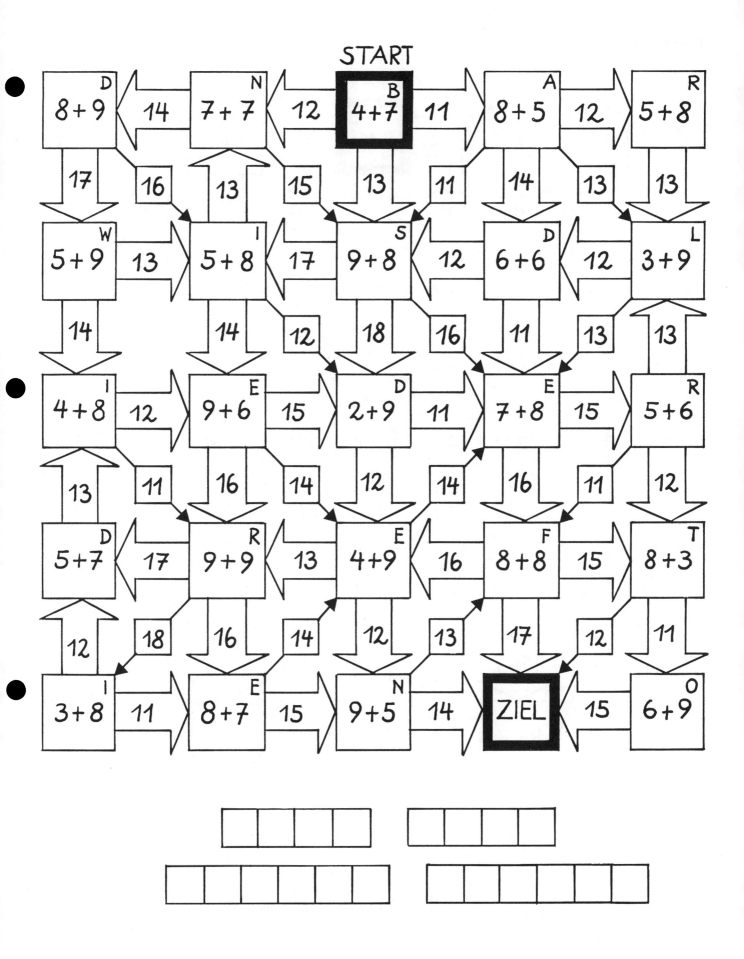

Lösungen:

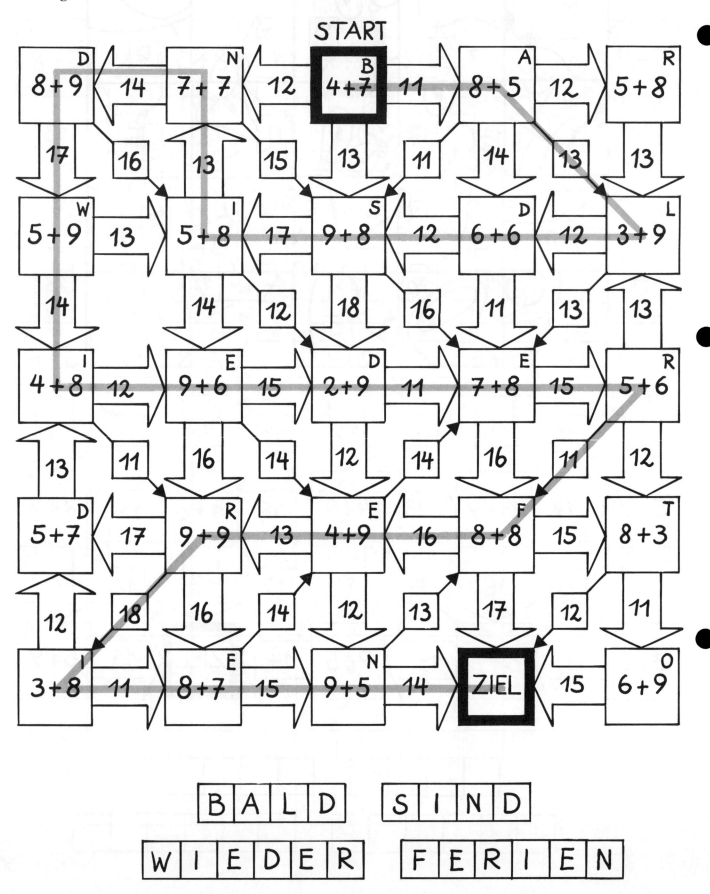

B	A	L	D		S	I	N	D

W	I	E	D	E	R		F	E	R	I	E	N

8 + 9 =	5 + 7 =	3 + 8 =	7 + 8 =	9 + 10 =
4 + 9 =	9 + 7 =	3 + 7 =	6 + 8 =	9 + 9 =
6 + 6 =	5 + 5 =	8 + 5 =	8 + 10 =	8 + 11 =
4 + 7 =	7 + 7 =	9 + 8 =	9 + 6 =	7 + 9 =

Aus: Krampe/Mittelmann: Rechenübungsspiele zum Zehnerübergang für die Klassen 1 und 2
Verlag Ludwig Auer · Donauwörth · Als Kopiervorlage freigegeben

PUZZLE 1.2.4.15 ZÜ + 4

Lösungen:

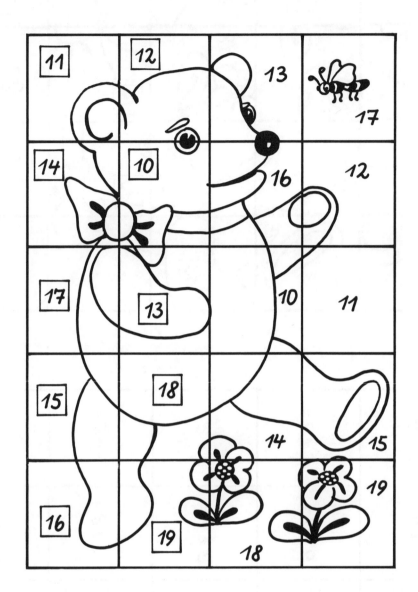

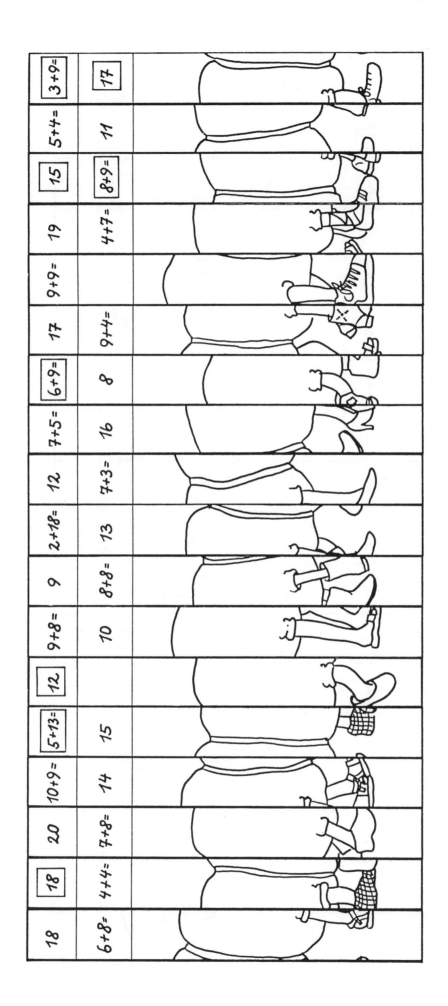

6+8=	18
4+4=	18
7+8=	20
10+9=	14
5+13=	15
	12
9+8=	10
8+8=	9
2+18=	13
7+3=	12
7+5=	16
6+9=	8
9+4=	17
9+9=	19
4+7=	15
8+9=	11
5+4=	17
3+9=	

Aus: Krampe/Mittelmann: Rechenübungsspiele zum Zehnerübergang für die Klassen 1 und 2
Verlag Ludwig Auer, Donauwörth · Als Kopiervorlage freigegeben

(STREIFEN-)DOMINO **1.2.4.16** ZÜ + 5

Lösungen:

	12	
3+9=	17	
15	8+9=	
6+9=	8	
18	4+4=	
5+13=	15	
20	7+8=	
2+18=	13	
17	9+4=	
9+8=	10	
12	7+3=	
7+5=	16	
9	8+8=	
5+4=	11	
19	4+7=	
10+9=	14	
18	6+8=	
9+9=		

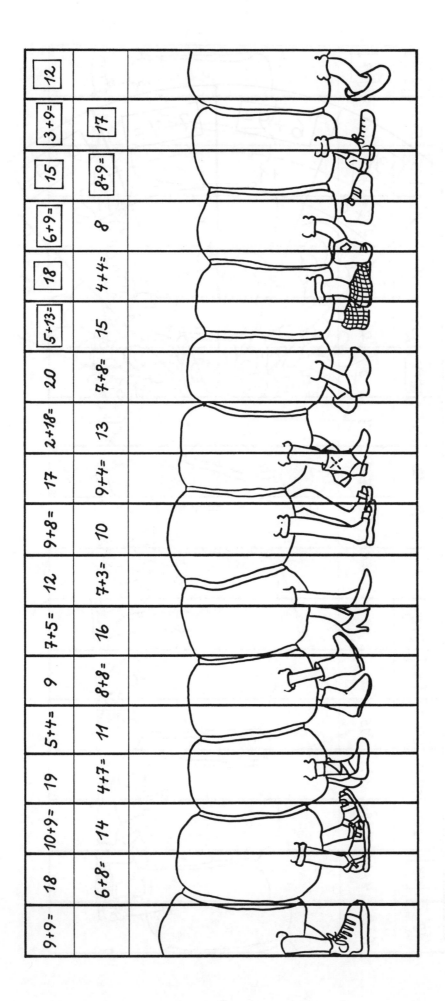

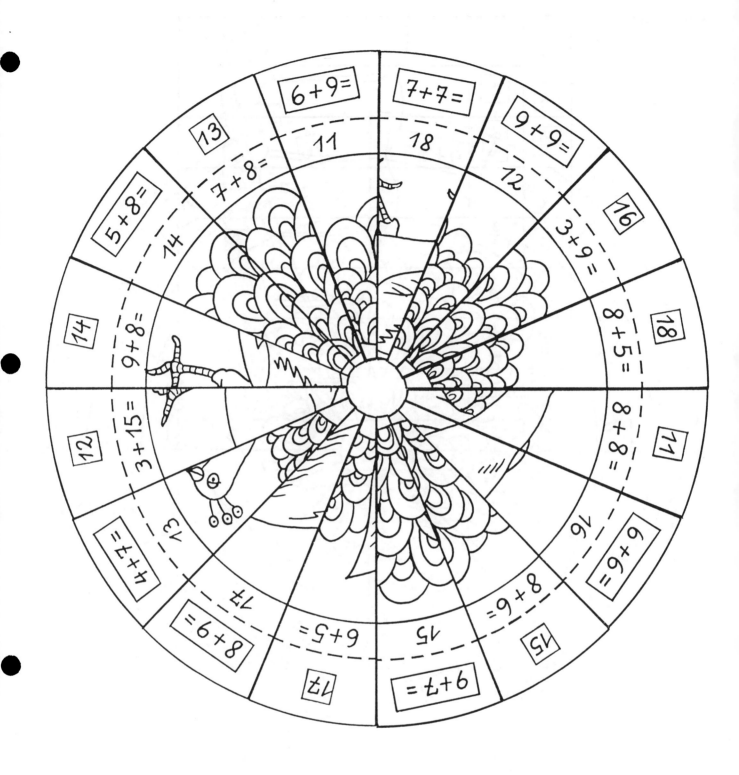

Lösungen:

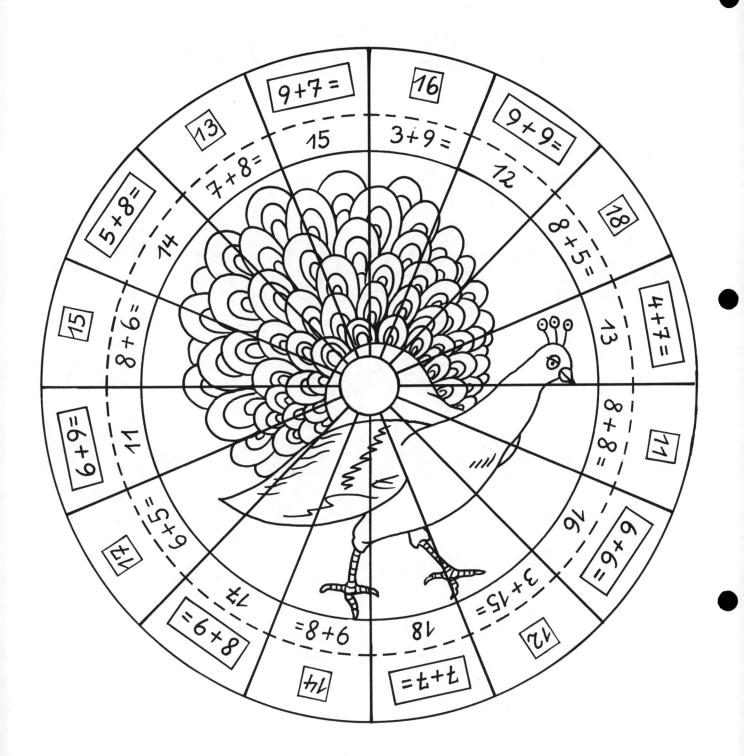

8 + 4 = ____ rot			7 + 8 = ____ gelb	
2 + 9 = ____ blau			5 + 11 = ____ grün	
7 + 9 = ____ grün			9 + 3 = ____ rot	
6 + 8 = ____ orange			5 + 9 = ____ orange	
7 + 5 = ____ rot			2 + 13 = ____ gelb	
9 + 4 = ____ braun			4 + 12 = ____ grün	
8 + 8 = ____ grün			3 + 12 = ____ grün	
8 + 7 = ____ gelb			0 + 16 = ____ grün	
3 + 8 = ____ blau			7 + 7 = ____ orange	
6 + 6 = ____ rot			4 + 11 = ____ gelb	
6 + 9 = ____ gelb			4 + 7 = ____ blau	
3 + 9 = ____ rot			8 + 6 = ____ orange	
4 + 10 = ____ orange			3 + 13 = ____ grün	
4 + 8 = ____ rot			1 + 14 = ____ gelb	
2 + 14 = ____ grün			9 + 5 = ____ orange	
5 + 7 = ____ rot			5 + 6 = ____ blau	
9 + 6 = ____ gelb			1 + 11 = ____ rot	

AUSMALEN

Lösungen:

7 + 8 = <u>15</u> gelb
5 + 11 = <u>16</u> grün
9 + 3 = <u>12</u> rot
5 + 9 = <u>14</u> orange
2 + 13 = <u>15</u> gelb
4 + 12 = <u>16</u> grün
3 + 12 = <u>15</u> gelb
0 + 16 = <u>16</u> grün
7 + 7 = <u>14</u> orange
4 + 11 = <u>15</u> gelb
4 + 7 = <u>11</u> blau
8 + 6 = <u>14</u> orange
3 + 13 = <u>16</u> grün
1 + 14 = <u>15</u> gelb
9 + 5 = <u>14</u> orange
5 + 6 = <u>11</u> blau
1 + 11 = <u>12</u> rot

8 + 4 = <u>12</u> rot
2 + 9 = <u>11</u> blau
7 + 9 = <u>16</u> grün
6 + 8 = <u>14</u> orange
7 + 5 = <u>12</u> rot
9 + 4 = <u>13</u> braun
8 + 8 = <u>16</u> grün
8 + 7 = <u>15</u> gelb
3 + 8 = <u>11</u> blau
6 + 6 = <u>12</u> rot
6 + 9 = <u>15</u> gelb
3 + 9 = <u>12</u> rot
4 + 10 = <u>14</u> orange
4 + 8 = <u>12</u> rot
2 + 14 = <u>16</u> grün
5 + 7 = <u>12</u> rot
9 + 6 = <u>15</u> gelb

[8]	[15]	[16]	[18]	[17]	[11]	[14]
gut.	wie	Klee,	dann	rot	Erst	grün

[13]	[10]	[9]	[19]	[12]	[20]
Kindern	allen	Schnee,	Blut,	weiß	schmeckt

	Ergebnis	Lösungswort
6 + 5 =		
5 + 7 =		
7 + 8 =		
3 + 6 =		
9 + 9 =		
8 + 6 =		
6 + 9 =		
9 + 7 =		
8 + 10 =		
9 + 8 =		
8 + 7 =		
10 + 9 =		
12 + 8 =		
5 + 5 =		
4 + 9 =		
4 + 4 =		

Lösungen:

	Ergebnis	Lösungswort
6 + 5 =	11	Erst
5 + 7 =	12	weiß
7 + 8 =	15	wie
3 + 6 =	9	Schnee,
9 + 9 =	18	dann
8 + 6 =	14	grün
6 + 9 =	15	wie
9 + 7 =	16	Klee,
8 + 10 =	18	dann
9 + 8 =	17	rot
8 + 7 =	15	wie
10 + 9 =	19	Blut,
12 + 8 =	20	schmeckt
5 + 5 =	10	allen
4 + 9 =	13	Kindern
4 + 4 =	8	gut.

Rätsellösung: Apfel

14	17	18	19	15
11	14	17	12	19
13	15	16	20	20
13	12	16	18	11

7+2+7=	2+4+6=	5+14+1=	2+2+9=	4+12+2=
5+2+12=	3+2+9=	3+5+3=	4+2+11=	1+6+8=
8+9+1=	4+4+5=	5+8+7=	7+7+3=	2+5+4=
9+8+2=	6+6+2=	3+8+1=	8+6+2=	5+5+5=

Aus: Krampe/Mittelmann: Rechenübungsspiele zum Zehnerübergang für die Klassen 1 und 2
Verlag Ludwig Auer, Donauwörth · Als Kopiervorlage freigegeben

Lösungen:

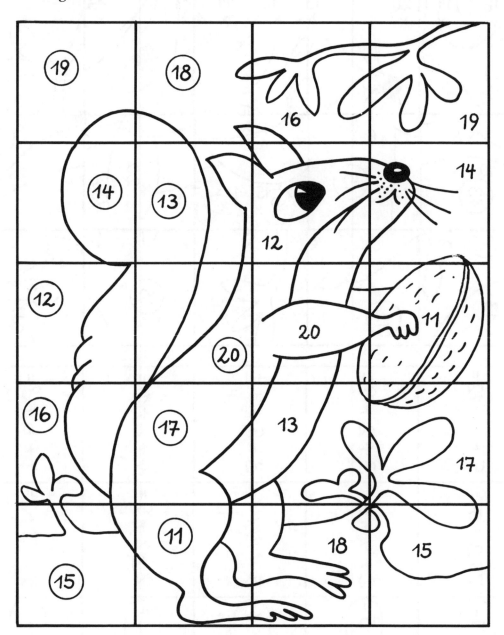

1. 4 + 5 + 2 = ___
2. 1 + 6 + 6 = ___
3. 7 + 1 + 8 = ___
4. 3 + 3 + 6 = ___
5. 8 + 1 + 8 = ___
6. 2 + 3 + 9 = ___
7. 4 + 5 + 11 = ___
8. 9 + 2 + 4 = ___
9. 6 + 9 + 3 = ___
10. 1 + 14 + 4 = ___
11. 5 + 2 + 3 = ___
12. 2 + 2 + 5 = ___
13. 3 + 5 + 3 = ___

1. 2 + 4 + 6 = ___
2. 5 + 3 + 7 = ___
3. 8 + 8 + 1 = ___
4. 1 + 5 + 8 = ___
5. 3 + 3 + 5 = ___
6. 6 + 8 + 2 = ___
7. 9 + 9 + 0 = ___
8. 7 + 1 + 5 = ___
9. 3 + 5 + 4 = ___

1. 4 + 9 + 7 = ___
2. 9 + 1 + 1 = ___
3. 8 + 3 + 7 = ___
4. 1 + 8 + 8 = ___
5. 7 + 0 + 7 = ___
6. 5 + 4 + 6 = ___
7. 2 + 8 + 3 = ___
8. 6 + 6 + 7 = ___
9. 8 + 7 + 5 = ___

Aus: Krampe/Mittelmann: Rechenübungsspiele zum Zehnerübergang für die Klassen 1 und 2
Verlag Ludwig Auer, Donauwörth · Als Kopiervorlage freigegeben

BILDER AUS PUNKTEN

Lösungen:

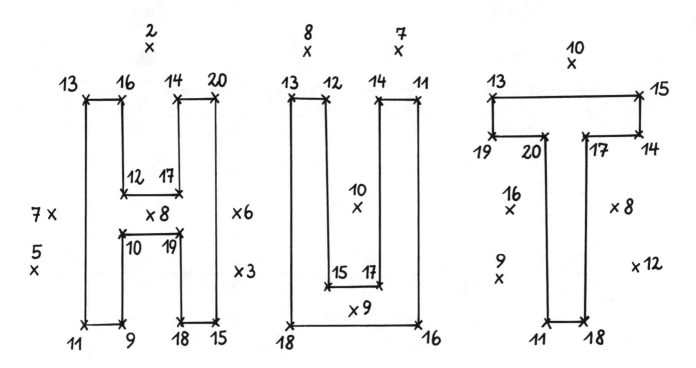

1. 4 + 5 + 2 = 11	1. 2 + 4 + 6 = 12	1. 4 + 9 + 7 = 20
2. 1 + 6 + 6 = 13	2. 5 + 3 + 7 = 15	2. 9 + 1 + 1 = 11
3. 7 + 1 + 8 = 16	3. 8 + 8 + 1 = 17	3. 8 + 3 + 7 = 18
4. 3 + 3 + 6 = 12	4. 1 + 5 + 8 = 14	4. 1 + 8 + 8 = 17
5. 8 + 1 + 8 = 17	5. 3 + 3 + 5 = 11	5. 7 + 0 + 7 = 14
6. 2 + 3 + 9 = 14	6. 6 + 8 + 2 = 16	6. 5 + 4 + 6 = 15
7. 4 + 5 + 11 = 20	7. 9 + 9 + 0 = 18	7. 2 + 8 + 3 = 13
8. 9 + 2 + 4 = 15	8. 7 + 1 + 5 = 13	8. 6 + 6 + 7 = 19
9. 6 + 9 + 3 = 18	9. 3 + 5 + 4 = 12	9. 8 + 7 + 5 = 20
10. 1 + 14 + 4 = 19		
11. 5 + 2 + 3 = 10		
12. 2 + 2 + 5 = 9		
13. 3 + 5 + 3 = 11		

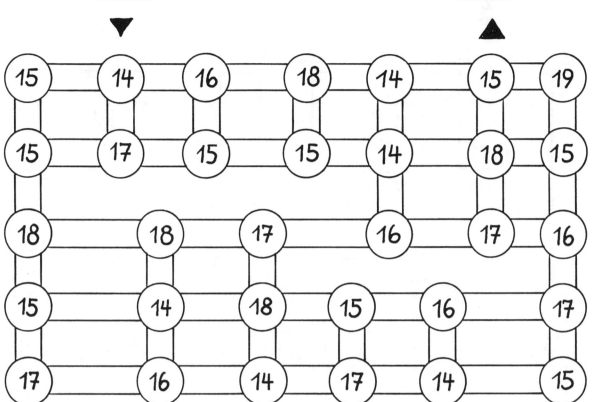

4 + 5 + 5 = ___
3 + 3 + 9 = ___
5 + 4 + 6 = ___
2 + 7 + 9 = ___
6 + 6 + 6 = ___
4 + 3 + 7 = ___
3 + 8 + 4 = ___
3 + 8 + 6 = ___
2 + 6 + 8 = ___
6 + 3 + 5 = ___
4 + 12 + 2 = ___
5 + 2 + 8 = ___
7 + 4 + 6 = ___

1 + 12 + 1 = ___
4 + 4 + 8 = ___
4 + 9 + 4 = ___
5 + 7 + 4 = ___
5 + 6 + 6 = ___
4 + 8 + 6 = ___
6 + 6 + 2 = ___
5 + 7 + 3 = ___
4 + 8 + 3 = ___
3 + 9 + 4 = ___
8 + 5 + 5 = ___
7 + 4 + 3 = ___
4 + 5 + 6 = ___

Aus: Krampe/Mittelmann: Rechenübungsspiele zum Zehnerübergang für die Klassen 1 und 2
Verlag Ludwig Auer, Donauwörth · Als Kopiervorlage freigegeben

IRRGARTEN

Lösungen:

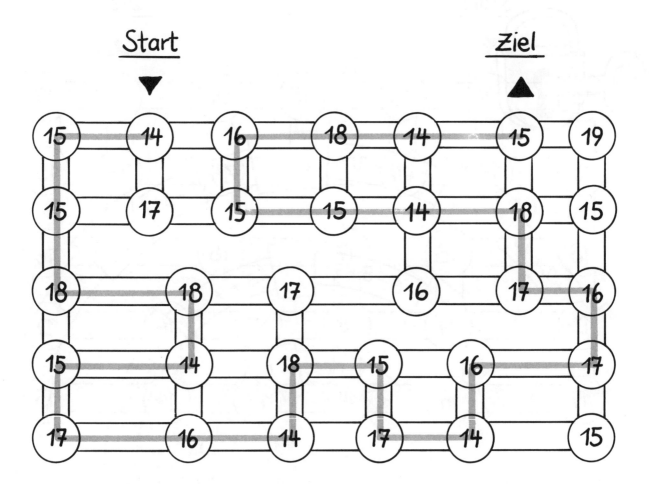

4 + 5 + 5 = <u>14</u>	1 + 12 + 1 = <u>14</u>
3 + 3 + 9 = <u>15</u>	4 + 4 + 8 = <u>16</u>
5 + 4 + 6 = <u>15</u>	4 + 9 + 4 = <u>17</u>
2 + 7 + 9 = <u>18</u>	5 + 7 + 4 = <u>16</u>
6 + 6 + 6 = <u>18</u>	5 + 6 + 6 = <u>17</u>
4 + 3 + 7 = <u>14</u>	4 + 8 + 6 = <u>18</u>
3 + 8 + 4 = <u>15</u>	6 + 6 + 2 = <u>14</u>
3 + 8 + 6 = <u>17</u>	5 + 7 + 3 = <u>15</u>
2 + 6 + 8 = <u>16</u>	4 + 8 + 3 = <u>15</u>
6 + 3 + 5 = <u>14</u>	3 + 9 + 4 = <u>16</u>
4 + 12 + 2 = <u>18</u>	8 + 5 + 5 = <u>18</u>
5 + 2 + 8 = <u>15</u>	7 + 4 + 3 = <u>14</u>
7 + 4 + 6 = <u>17</u>	4 + 5 + 6 = <u>15</u>

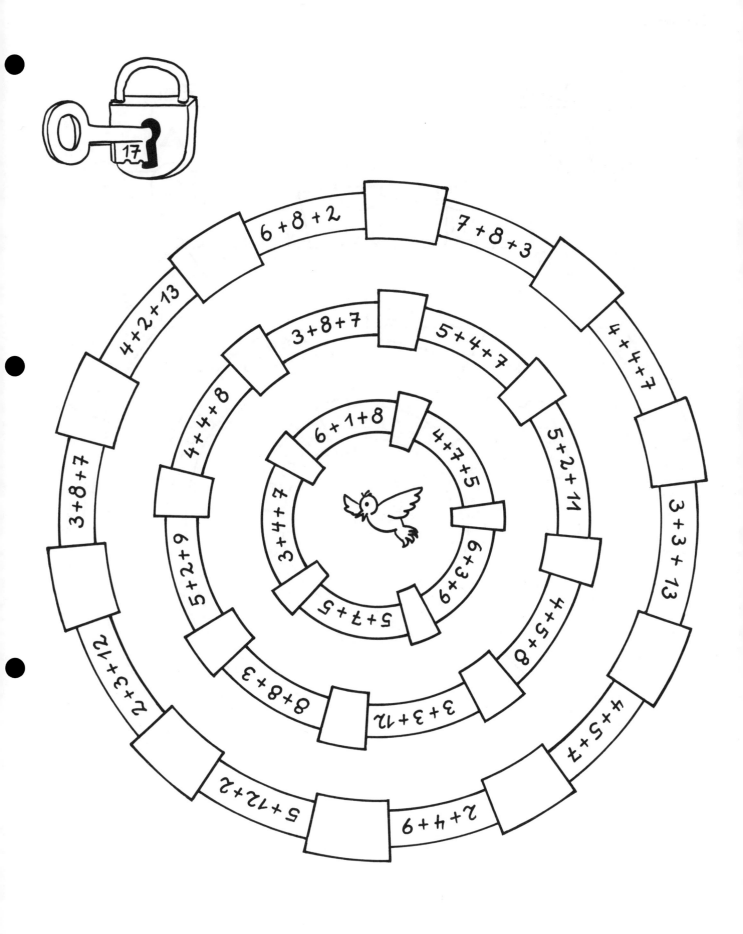

Lösungen:

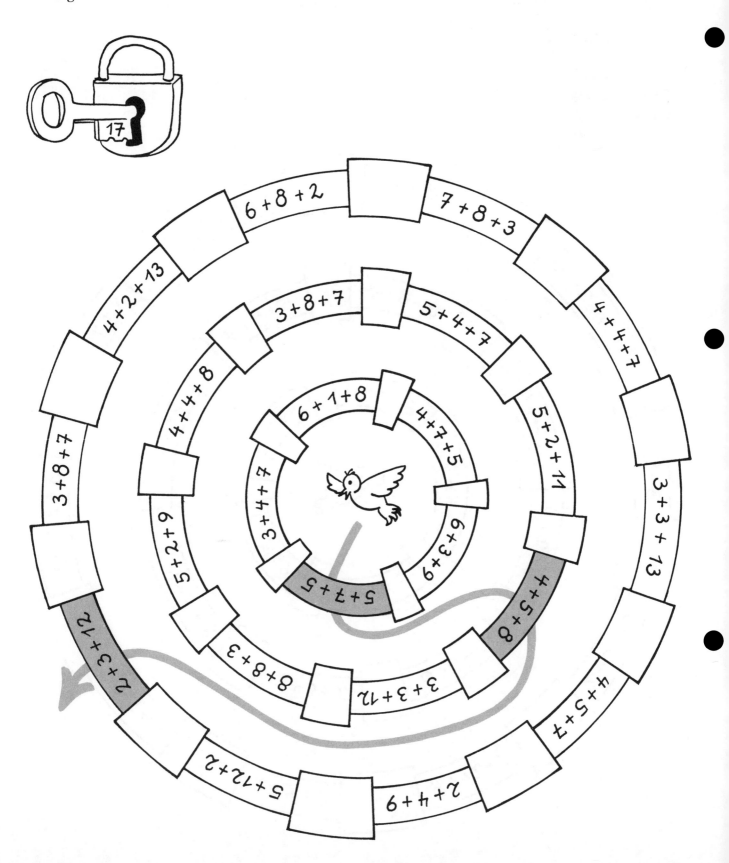

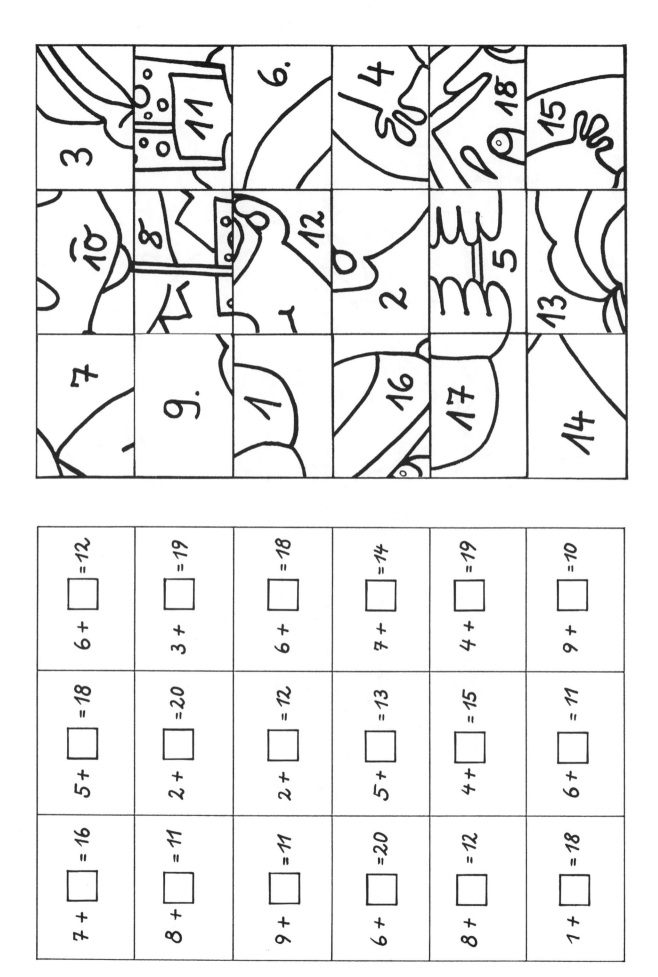

Lösungen:

Lösungen:

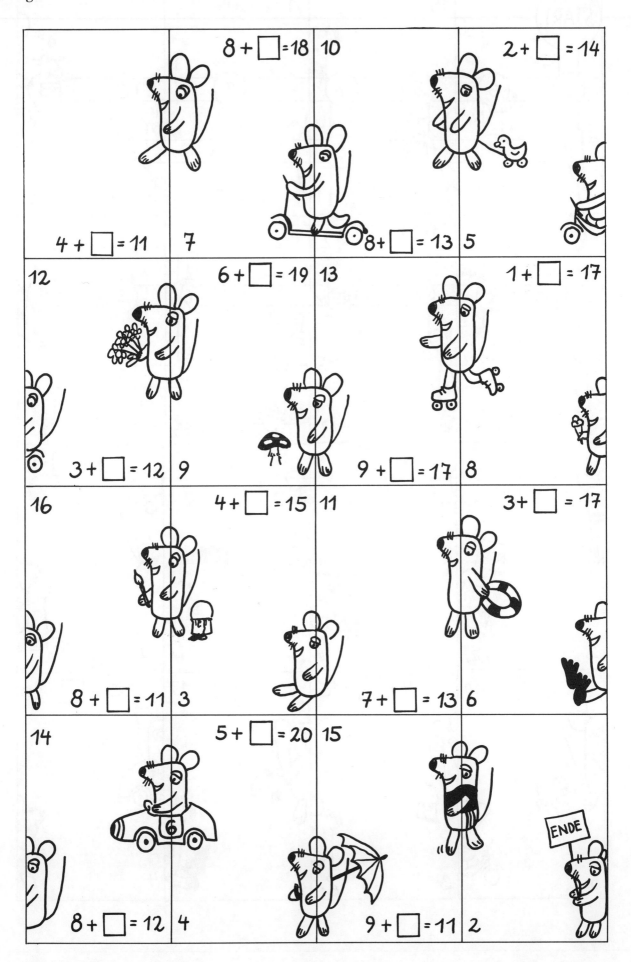

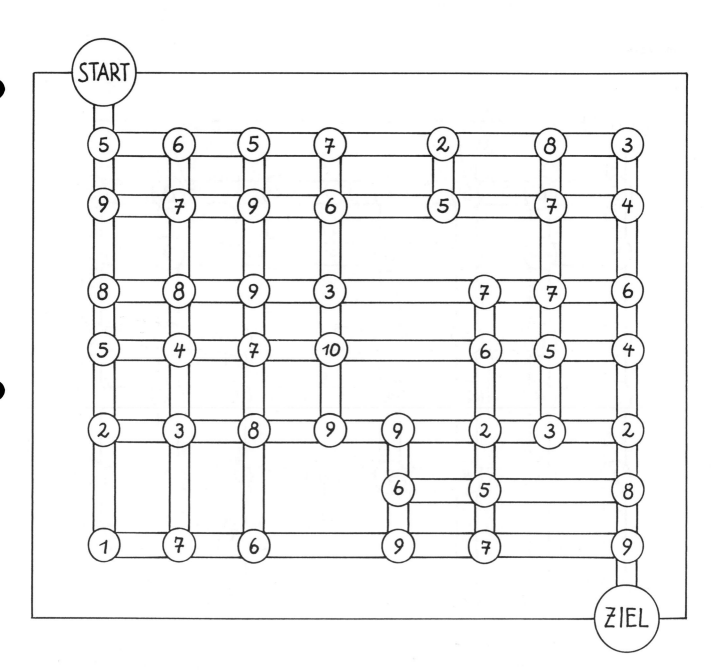

7 + ___ = 12

8 + ___ = 17

8 + ___ = 15

4 + ___ = 13

8 + ___ = 14

8 + ___ = 11

9 + ___ = 18

7 + ___ = 15

9 + ___ = 13

9 + ___ = 16

8 + ___ = 18

5 + ___ = 11

9 + ___ = 11

6 + ___ = 15

10 + ___ = 19

5 + ___ = 13

9 + ___ = 15

2 + ___ = 11

6 + ___ = 13

3 + ___ = 12

Aus: Krampe/Mittelmann: Rechenübungsspiele zum Zehnerübergang für die Klassen 1 und 2
Verlag Ludwig Auer, Donauwörth · Als Kopiervorlage freigegeben

IRRGARTEN   1.2.4.26   ZÜ + 15

Lösungen:

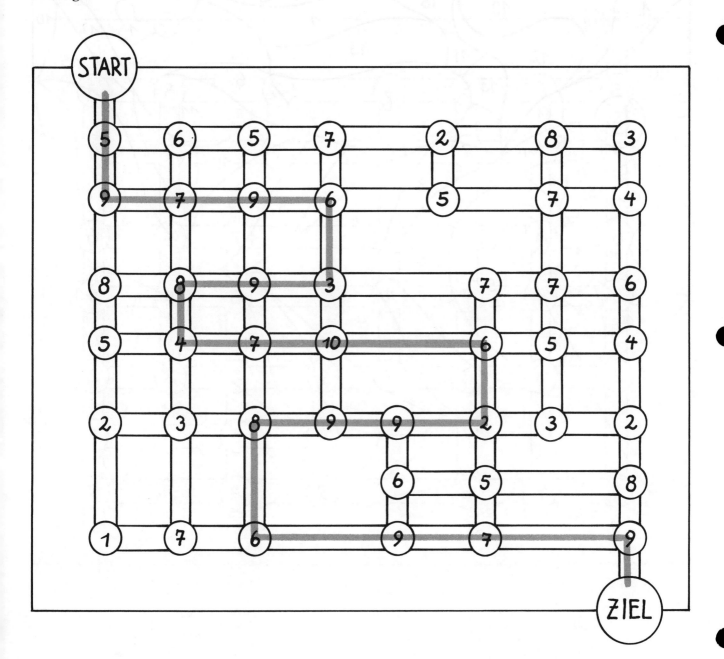

$7 + \underline{5} = 12$
$8 + \underline{9} = 17$
$8 + \underline{7} = 15$
$4 + \underline{9} = 13$
$8 + \underline{6} = 14$
$8 + \underline{3} = 11$
$9 + \underline{9} = 18$
$7 + \underline{8} = 15$
$9 + \underline{4} = 13$
$9 + \underline{7} = 16$

$8 + \underline{10} = 18$
$5 + \underline{6} = 11$
$9 + \underline{2} = 11$
$6 + \underline{9} = 15$
$10 + \underline{9} = 19$
$5 + \underline{8} = 13$
$9 + \underline{6} = 15$
$2 + \underline{9} = 11$
$6 + \underline{7} = 13$
$3 + \underline{9} = 12$

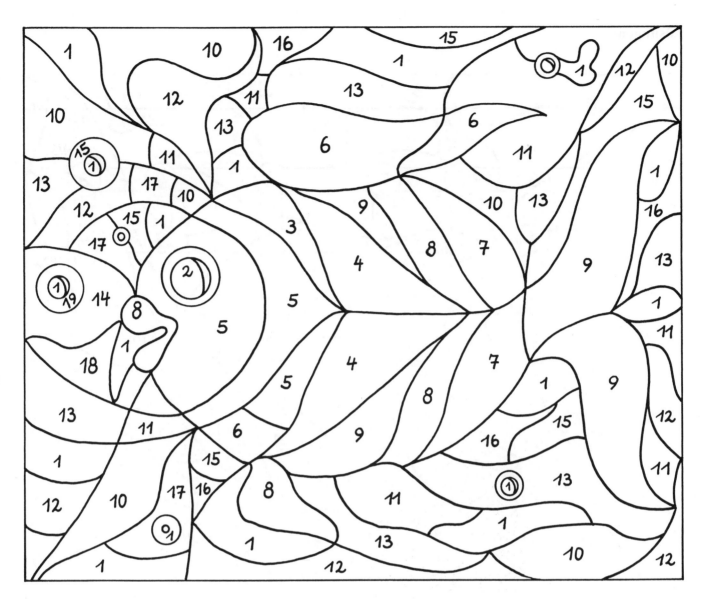

Hinweis:
Das Ausmalen geht auch mit nur **einer** Farbe. Jedes Ergebnis nur **einmal** anmalen.

rot ___ + 2 = 11	rosa ___ + 9 = 17
rosa ___ + 7 = 15	gelb ___ + 5 = 11
gelb ___ + 8 = 14	orange ___ + 9 = 14
orange ___ + 7 = 12	grün ___ + 6 = 13
grün ___ + 8 = 15	rosa ___ + 8 = 16
blau ___ + 9 = 13	gelb ___ + 9 = 15
rot ___ + 9 = 18	rot ___ + 6 = 15
rosa ___ + 4 = 12	orange ___ + 8 = 13
schwarz ___ + 11 = 13	braun ___ + 9 = 12
rot ___ + 8 = 17	blau ___ + 8 = 12

Aus: Krampe/Mittelmann: Rechenübungsspiele zum Zehnerübergang
für die Klassen 1 und 2
Verlag Ludwig Auer, Donauwörth · Als Kopiervorlage freigegeben

Lösungen:

rot 9 + 2 = 11	rosa 8 + 9 = 17
rosa 8 + 7 = 15	gelb 6 + 5 = 11
gelb 6 + 8 = 14	orange 5 + 9 = 14
orange 5 + 7 = 12	grün 7 + 6 = 13
grün 7 + 8 = 15	rosa 8 + 8 = 16
blau 4 + 9 = 13	gelb 6 + 9 = 15
rot 9 + 9 = 18	rot 9 + 6 = 15
rosa 8 + 4 = 12	orange 5 + 8 = 13
schwarz 2 + 11 = 13	braun 3 + 9 = 12
rot 9 + 8 = 17	blau 4 + 8 = 12

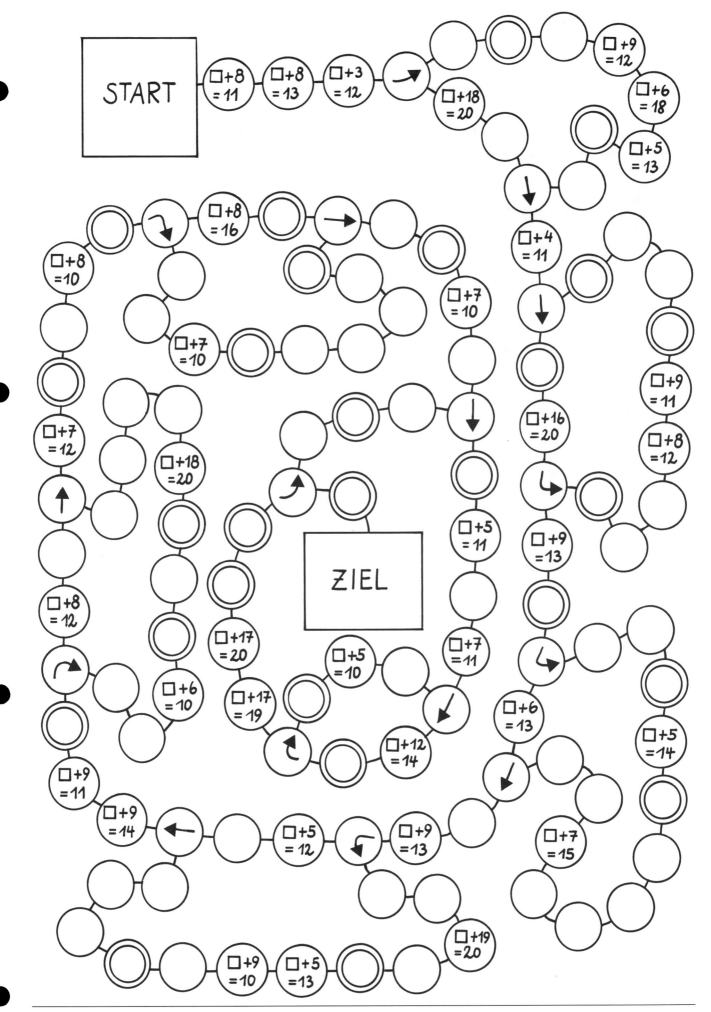

WÜRFELSPIEL 1.2.4.28 ZÜ + 17

Hinweis:

So viele Felder vorsetzen, wie die *gewürfelte Zahl* angibt.

 So viele Felder vorsetzen, wie das *Rechenergebnis* angibt.
Bei falscher Lösung einmal aussetzen.

 Einmal aussetzen.

 Pfeilrichtung folgen, wenn dieses Feld genau erreicht wird.

Das Ziel muß **genau** erreicht werden.
Hinauswerfen ist erlaubt.

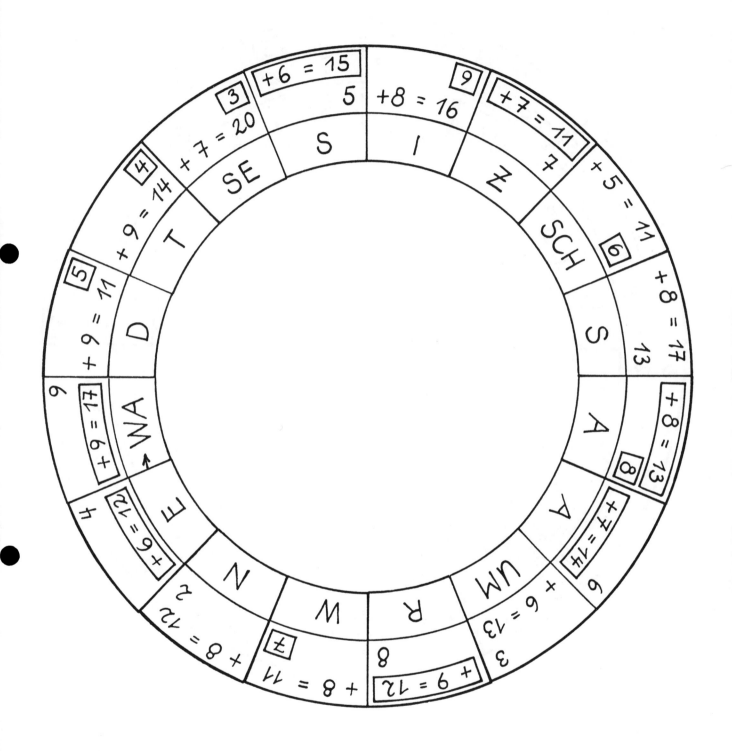

Lösungen:

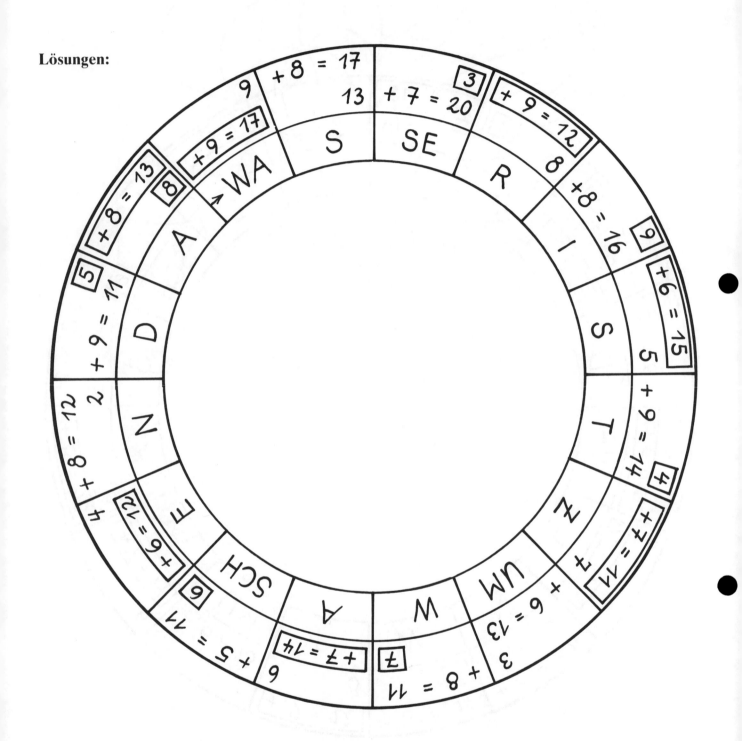

___ + 7 = 14	___ + 7 = 11	___ + 6 = 13
___ + 9 = 18	___ + 12 = 14	___ + 9 = 15
___ + 8 = 11	___ + 9 = 16	___ + 5 = 14
___ + 6 = 11	___ + 7 = 15	___ + 7 = 12
___ + 9 = 11	___ + 9 = 14	___ + 9 = 13
___ + 8 = 14	___ + 9 = 12	___ + 18 = 20
___ + 9 = 17	___ + 6 = 12	___ + 12 = 15
___ + 8 = 12	___ + 8 = 17	___ + 8 = 16

Aus: Krampe/Mittelmann: Rechenübungsspiele zum Zehnerübergang
für die Klassen 1 und 2
Verlag Ludwig Auer, Donauwörth · Als Kopiervorlage freigegeben

AUSMALEN 1.2.4.30 ZÜ + 19

Lösungen:

7 + 7 = 14	4 + 7 = 11	7 + 6 = 13
9 + 9 = 18	2 + 12 = 14	6 + 9 = 15
3 + 8 = 11	7 + 9 = 16	9 + 5 = 14
5 + 6 = 11	8 + 7 = 15	5 + 7 = 12
2 + 9 = 11	5 + 9 = 14	4 + 9 = 13
6 + 8 = 14	3 + 9 = 12	2 + 18 = 20
8 + 9 = 17	6 + 6 = 12	3 + 12 = 15
4 + 8 = 12	9 + 8 = 17	8 + 8 = 16

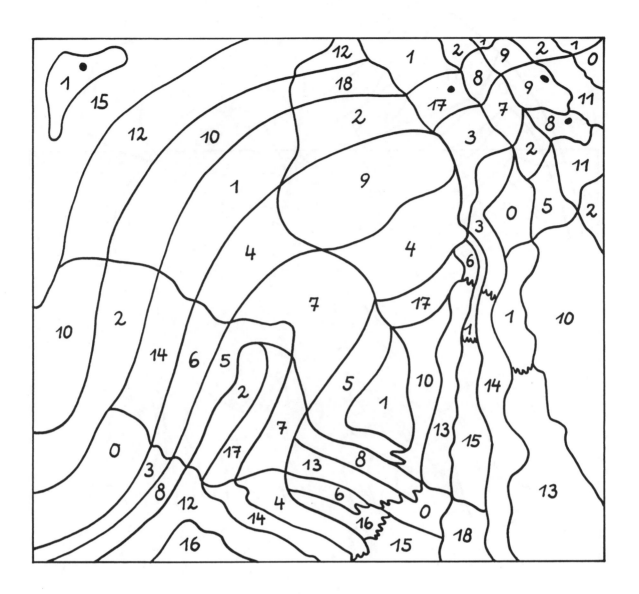

12 − 8 = ___   14 − 8 = ___   15 − 8 = ___
13 − 6 = ___   13 − 9 = ___   18 − 9 = ___
11 − 5 = ___   16 − 9 = ___   11 − 8 = ___
17 − 8 = ___   14 − 5 = ___   13 − 10 = ___
15 − 9 = ___   15 − 11 = ___ 16 − 13 = ___

Alle Ergebnisse kommen dreimal vor!

Lösungen:

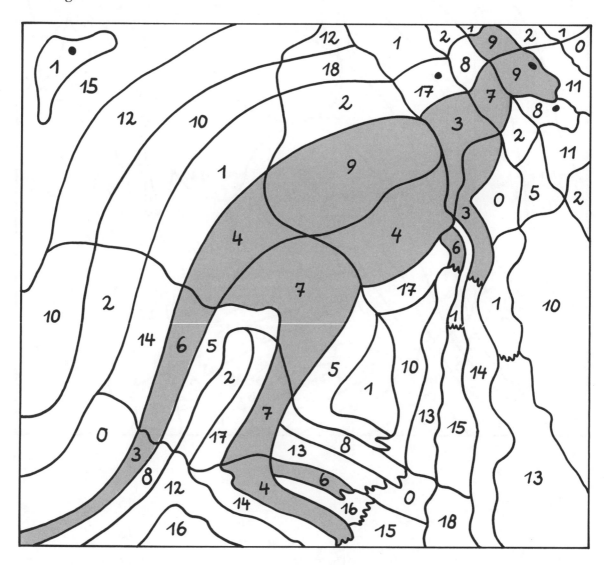

12 − 8 = <u>4</u>	14 − 8 = <u>6</u>	15 − 8 = <u>7</u>
13 − 6 = <u>7</u>	13 − 9 = <u>4</u>	18 − 9 = <u>9</u>
11 − 5 = <u>6</u>	16 − 9 = <u>7</u>	11 − 8 = <u>3</u>
17 − 8 = <u>9</u>	14 − 5 = <u>9</u>	13 − 10 = <u>3</u>
15 − 9 = <u>6</u>	15 − 11 = <u>4</u>	16 − 13 = <u>3</u>

④	⑧	2	⑥	10
③	⑦	1	5	⑨
②	⑥	⑩	4	8
①	⑤	⑨	3	7

12 − 8	⑱ − 9	15 − 8	⑬ − 8	⑲ − 9
14 − 9	⑬ − 9	20 − 10	⑰ − 15	⑳ − 19
11 − 3	⑭ − 7	11 − 5	⑯ − 8	10 − 9
15 − 6	⑪ − 8	12 − 9	⑮ − 9	11 − 9

Aus: Krampe/Mittelmann: Rechenübungsspiele zum Zehnerübergang
für die Klassen 1 und 2
Verlag Ludwig Auer, Donauwörth · Als Kopiervorlage freigegeben

PUZZLE 1.2.4.32 ZÜ − 21

Lösungen:

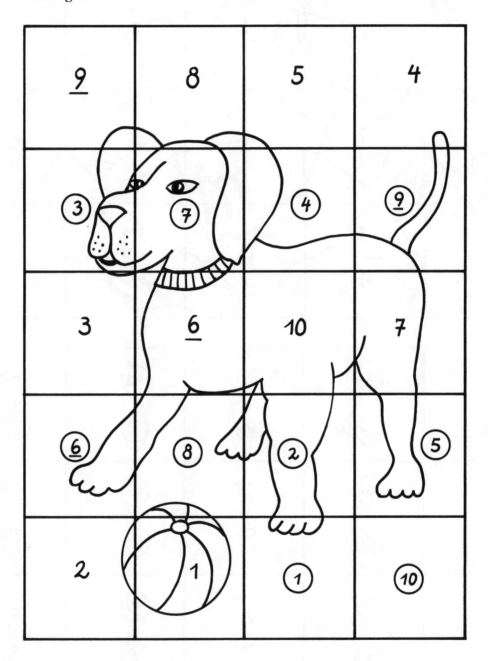

Lösungen:

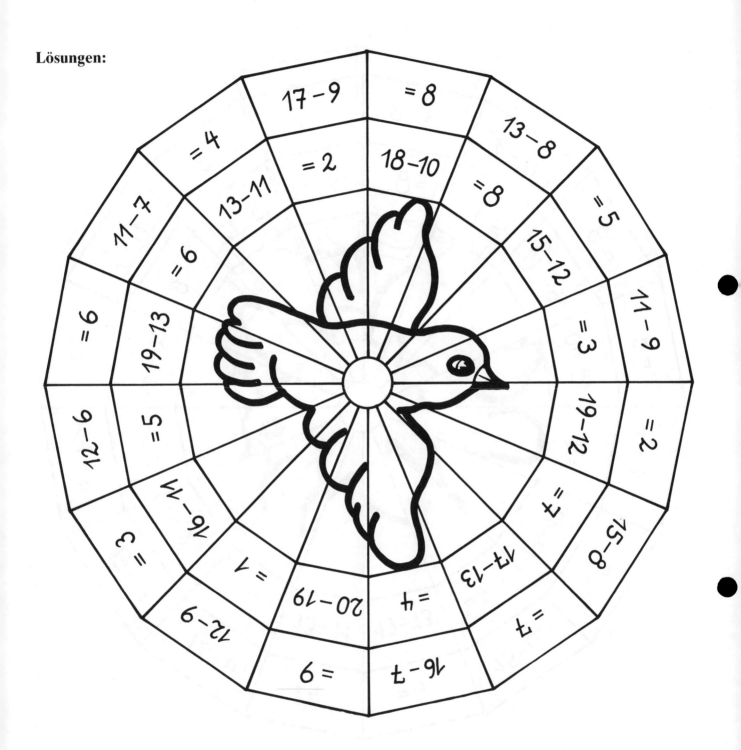

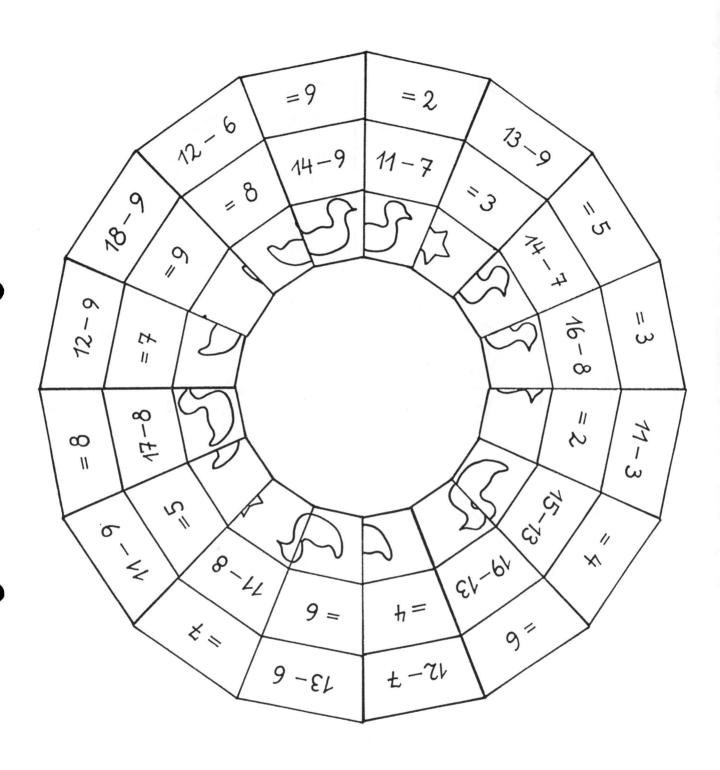

Lösungen:

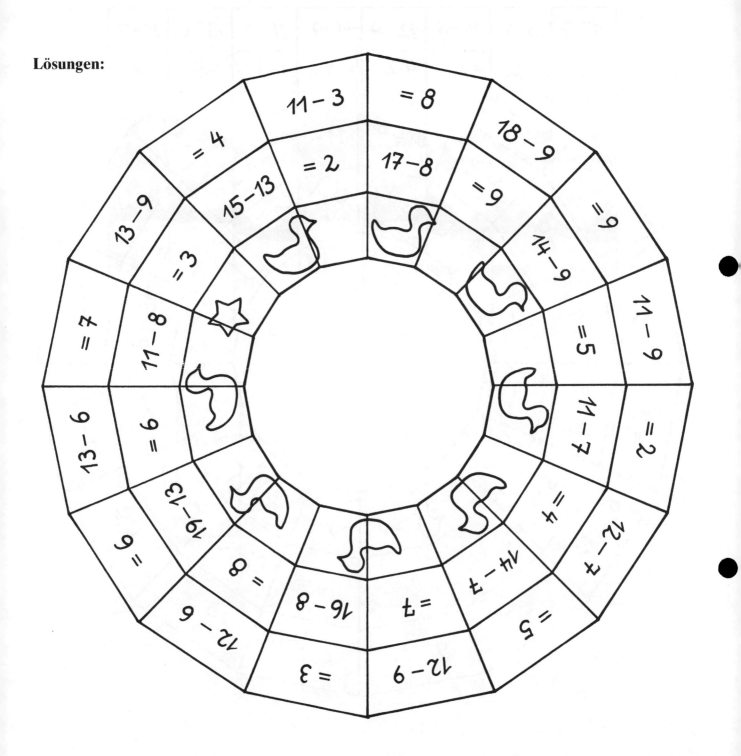

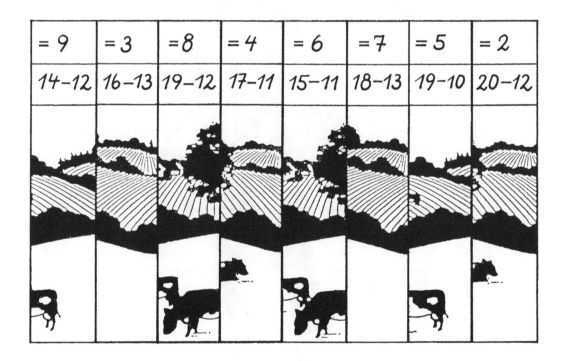

Lösungen:

12-7 = 5	13-6 = 7	14-8 = 6	11-9 = 2	16-7 = 9	12-9 = 3	15-7 = 8	11-7 = 4
= 6	19-10 = 9	18-13 = 5	15-11 = 4	20-12 = 8	14-12 = 2	16-13 = 3	19-12 = 7	17-11

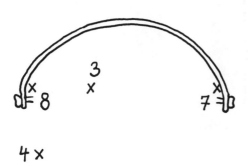

14 − 6 = ___
12 − 8 = ___
15 − 9 = ___
17 − 8 = ___
11 − 9 = ___
12 − 7 = ___
13 − 6 = ___
11 − 8 = ___
16 − 8 = ___

12 − 9 = ___
13 − 8 = ___
18 − 9 = ___
11 − 9 = ___
13 − 5 = ___
11 − 7 = ___
12 − 5 = ___
14 − 8 = ___

Lösungen:

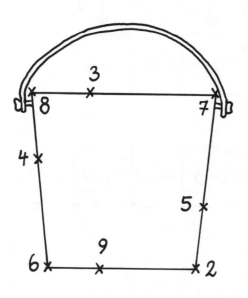
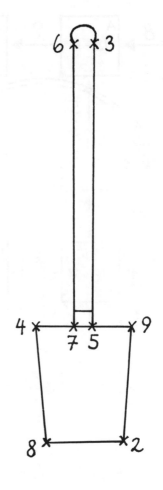

14 − 6 = 8
12 − 8 = 4
15 − 9 = 6
17 − 8 = 9
11 − 9 = 2
12 − 7 = 5
13 − 6 = 7
11 − 8 = 3
16 − 8 = 8

12 − 9 = 3
13 − 8 = 5
18 − 9 = 9
11 − 9 = 2
13 − 5 = 8
11 − 7 = 4
12 − 5 = 7
14 − 8 = 6

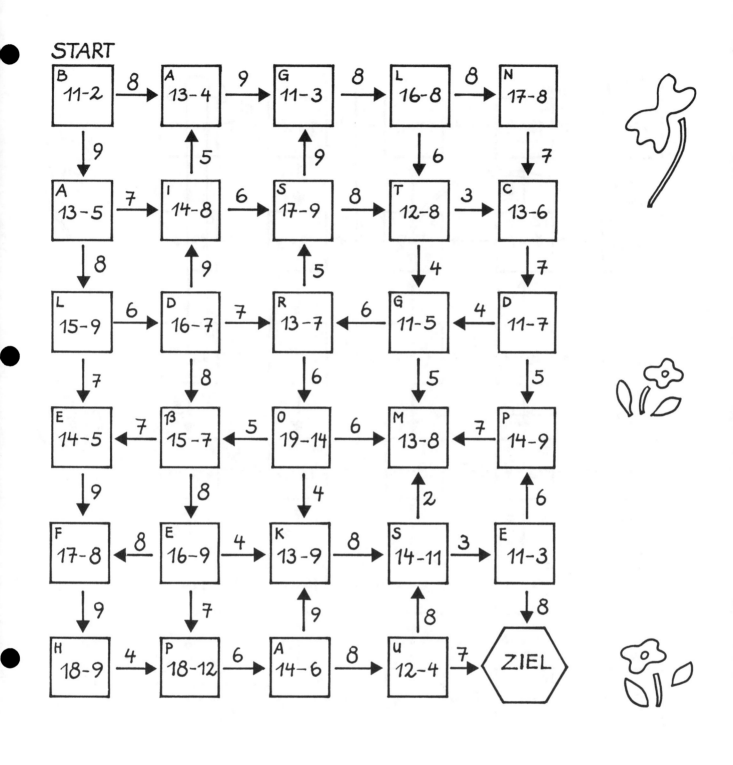

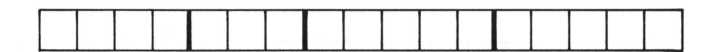

Lösungen:

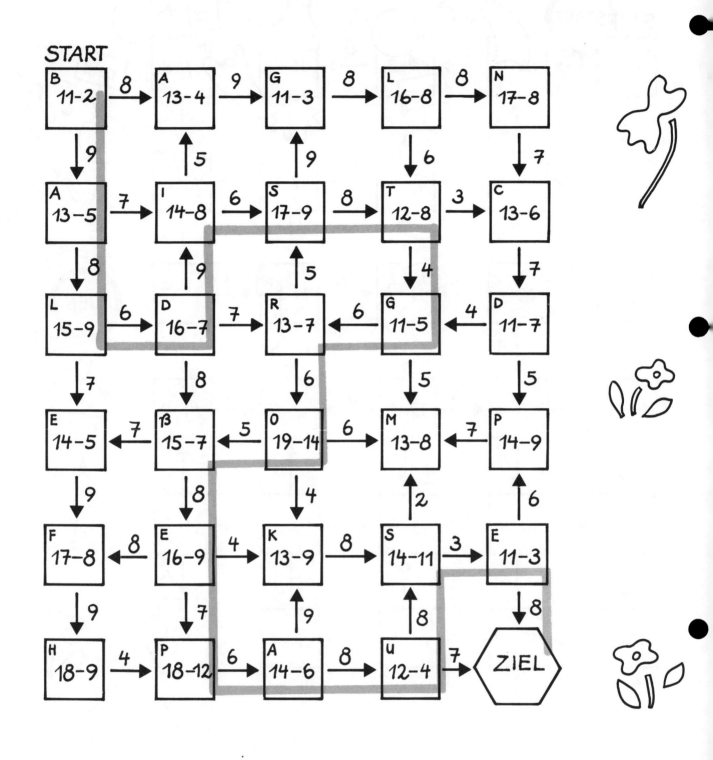

BALD IST GROßE PAUSE

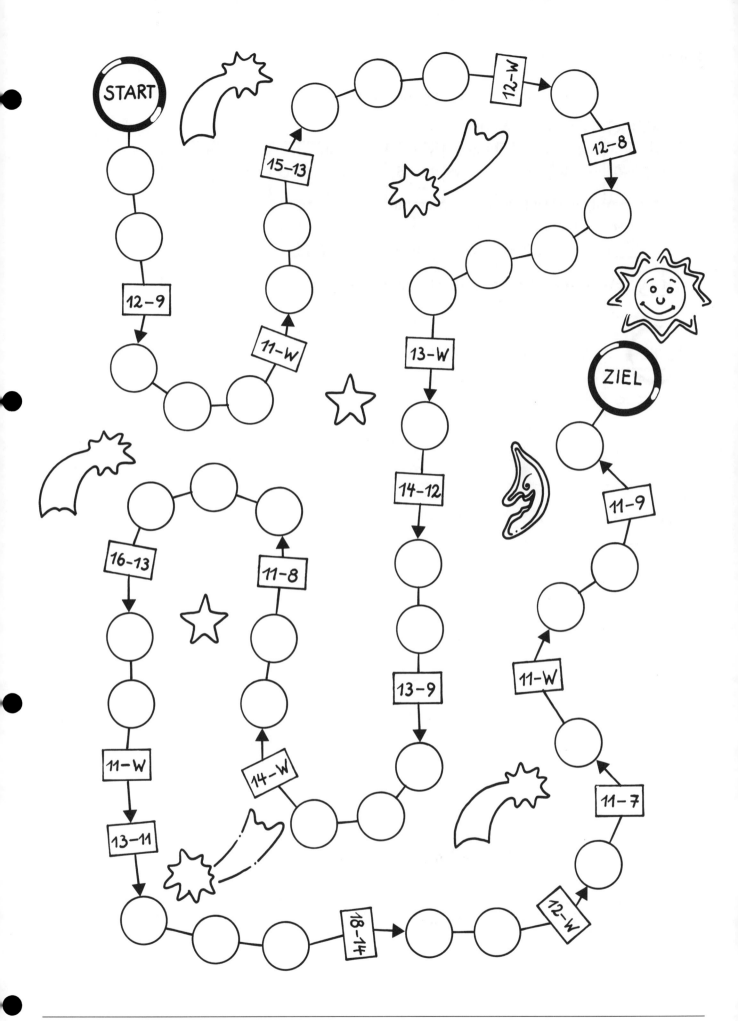

WÜRFELSPIEL 1.2.4.38 ZÜ – 27

Spielregeln (Vorschlag):

- Je Spieler eine Spielmarke, insgesamt ein Würfel.

- Abwechselnd mit einem Würfel werfen und die eigene Spielmarke entsprechend der gewürfelten Augenzahl vorrücken!

| 12−9 | Aufgabenfeld: Aufgabe lösen und entsprechend der Ergebniszahl vorrücken. Bei falscher Lösung entsprechend weit zurück! |

| 11−W | W = Würfelaugen, z. B. 11 − 5, wenn 5 gewürfelt wurde! |

(ZIEL) Zielfeld muß genau erreicht werden!

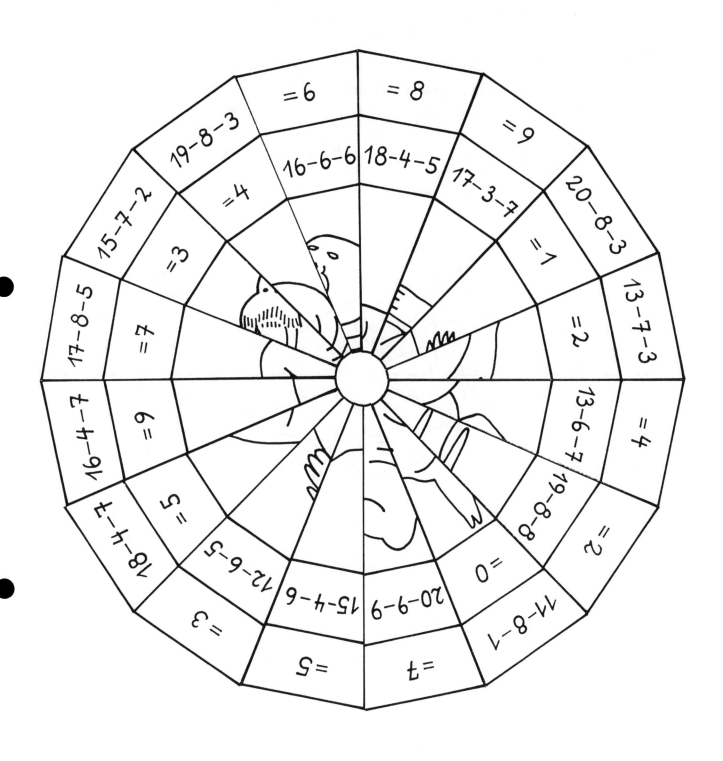

Lösungen:

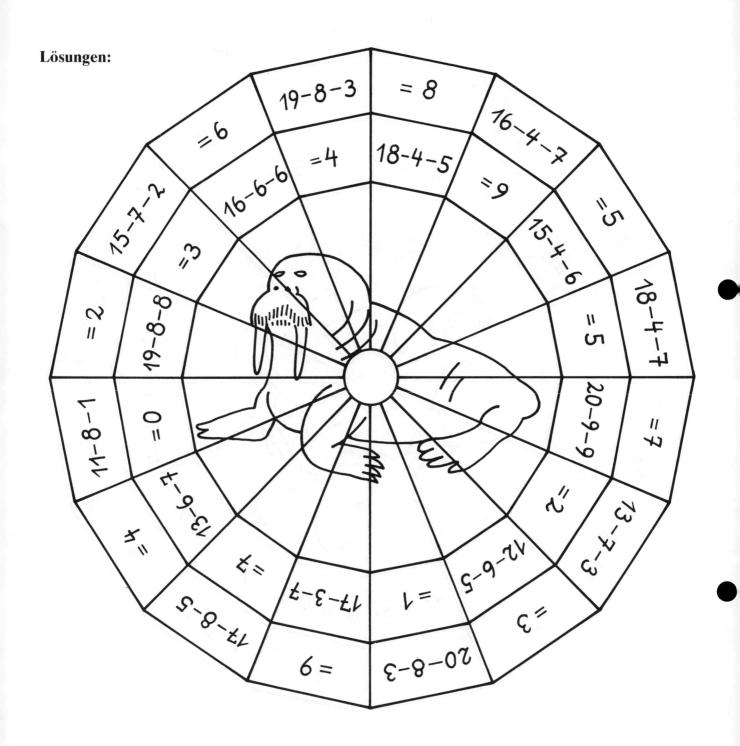

START

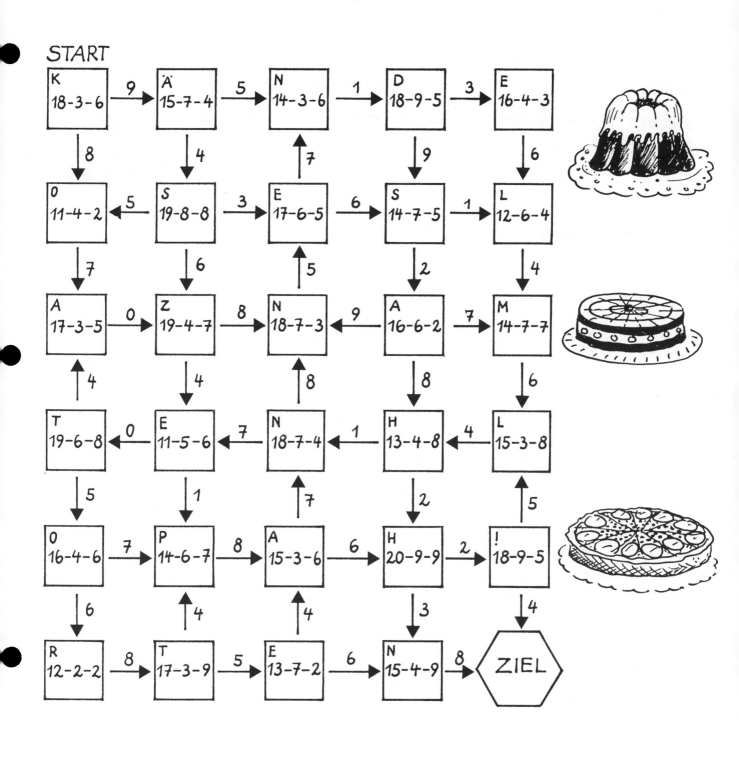

Lösungen:

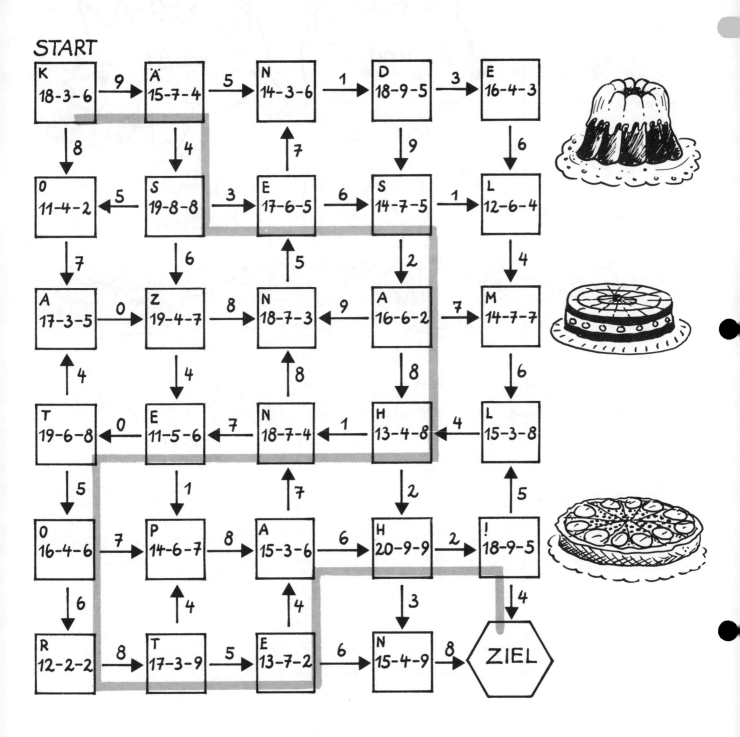

| K | Ä | S | E | S | A | H | N | E | T | O | R | T | E | A | H | ! |

| 18 − 6 − 3 = ◯ | 16 − 7 − 3 = ◯ | 12 − 4 − 5 = ◯ |
| | | |

, , ,

| 17 − 8 − 2 = ◯ | 19 − 4 − 7 = ◯ | 15 − 6 − 5 = ◯ | 13 − 7 − 4 = ◯ |
| | | | |

.

| 20 − 3 − 8 = ◯ | 14 − 7 − 4 = ◯ | 11 − 3 − 2 = ◯ |
| | | |

, , ,

| 16 − 8 − 1 = ◯ | 17 − 6 − 3 = ◯ | 12 − 5 − 3 = ◯ | 13 − 9 − 3 = ◯ |
| | | | |

.

Lösungen:

18−6−3=⑨	16−7−3=⑥	12−4−5=③
Eichen	Buchen	Tannen

,

17−8−2=⑦	19−4−7=⑧	15−6−5=④	13−7−4=②
und	du	mußt	fangen

.

20−3−8=⑨	14−7−4=③	11−3−2=⑥
Eichen	Tannen	Buchen

,

16−8−1=⑦	17−6−3=⑧	12−5−3=④	13−9−3=①
und	du	mußt	suchen

.

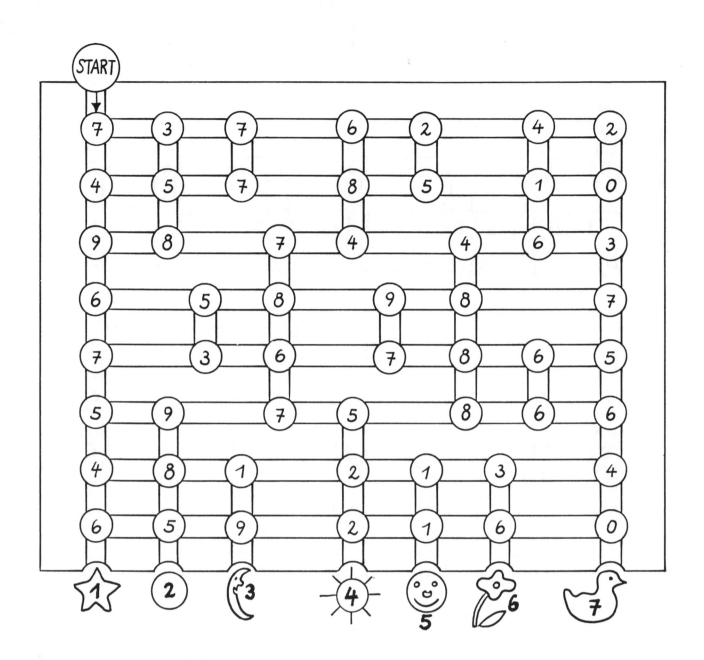

12 − 3 − 2 = ☐	13 − 8 − 1 = ☐	15 − 6 − 2 = ☐
14 − 7 − 3 = ☐	19 − 9 − 9 = ☐	16 − 2 − 9 = ☐
19 − 6 − 8 = ☐	18 − 3 − 9 = ☐	13 − 1 − 3 = ☐
17 − 5 − 4 = ☐	12 − 6 − 2 = ☐	18 − 5 − 5 = ☐
13 − 2 − 4 = ☐	16 − 4 − 4 = ☐	16 − 8 − 7 = ☐
18 − 9 − 5 = ☐	20 − 9 − 2 = ☐	11 − 6 − 3 = ☐
15 − 3 − 4 = ☐	14 − 7 − 0 = ☐	14 − 7 − 6 = ☐
17 − 6 − 6 = ☐	11 − 2 − 3 = ☐	12 − 8 − 3 = ☐
13 − 7 − 4 = ☐	15 − 6 − 6 = ☐	15 − 5 − 5 = ☐

Wo endet der Weg?

Aus: Krampe/Mittelmann: Rechenübungsspiele zum Zehnerübergang
für die Klassen 1 und 2
Verlag Ludwig Auer, Donauwörth · Als Kopiervorlage freigegeben

IRRGARTEN

Lösungen:

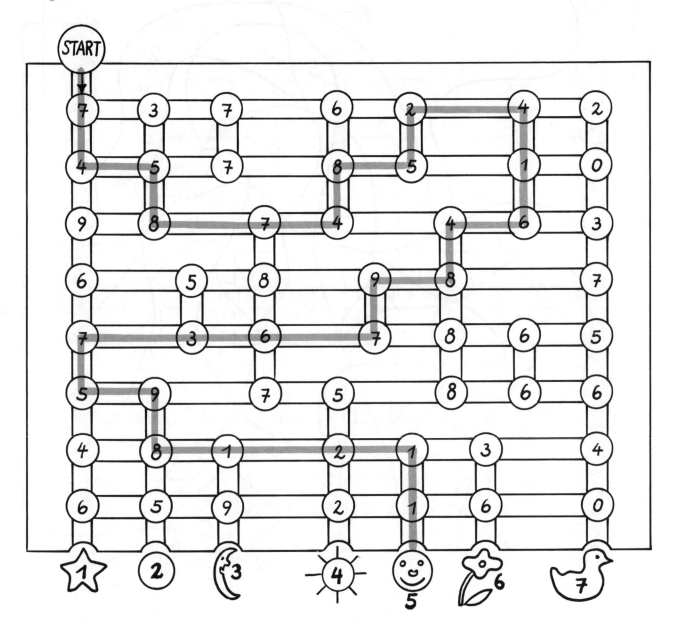

12 − 3 − 2 = 7	13 − 8 − 1 = 4	15 − 6 − 2 = 7
14 − 7 − 3 = 4	19 − 9 − 9 = 1	16 − 2 − 9 = 5
19 − 6 − 8 = 5	18 − 3 − 9 = 6	13 − 1 − 3 = 9
17 − 5 − 4 = 8	12 − 6 − 2 = 4	18 − 5 − 5 = 8
13 − 2 − 4 = 7	16 − 4 − 4 = 8	16 − 8 − 7 = 1
18 − 9 − 5 = 4	20 − 9 − 2 = 9	11 − 6 − 3 = 2
15 − 3 − 4 = 8	14 − 7 − 0 = 7	14 − 7 − 6 = 1
17 − 6 − 6 = 5	11 − 2 − 3 = 6	12 − 8 − 3 = 1
13 − 7 − 4 = 2	15 − 6 − 6 = 3	15 − 5 − 5 = 5

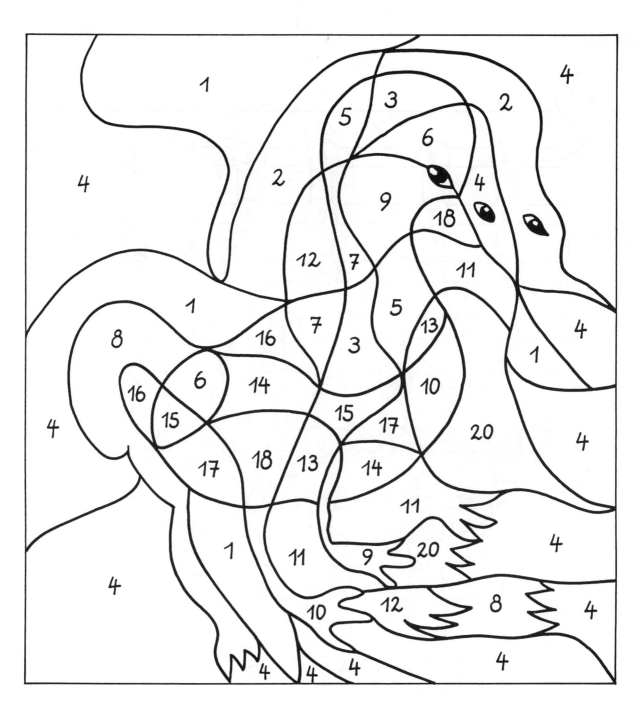

19 − ☐ = 1	15 − ☐ = 2	15 − ☐ = 1
16 − ☐ = 1	19 − ☐ = 3	13 − ☐ = 6
14 − ☐ = 9	14 − ☐ = 0	20 − ☐ = 2
11 − ☐ = 8	18 − ☐ = 1	12 − ☐ = 9
12 − ☐ = 5	18 − ☐ = 3	11 − ☐ = 5
13 − ☐ = 7	14 − ☐ = 4	17 − ☐ = 0
16 − ☐ = 0	11 − ☐ = 6	13 − ☐ = 4
12 − ☐ = 2	17 − ☐ = 4	15 − ☐ = 6

Alle Ergebnisse kommen zweimal vor!

Lösungen:

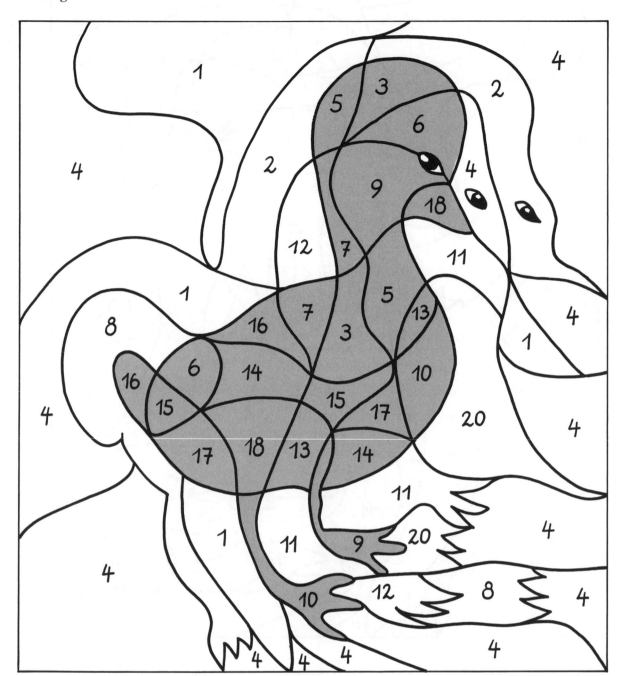

19 − [18] = 1	15 − [13] = 2	15 − [14] = 1
16 − [15] = 1	19 − [16] = 3	13 − [7] = 6
14 − [5] = 9	14 − [14] = 0	20 − [18] = 2
11 − [3] = 8	18 − [17] = 1	12 − [3] = 9
12 − [7] = 5	18 − [15] = 3	11 − [6] = 5
13 − [6] = 7	14 − [10] = 4	17 − [17] = 0
16 − [16] = 0	11 − [5] = 6	13 − [9] = 4
12 − [10] = 2	17 − [13] = 4	15 − [9] = 6

Lösungen:

14 − [8] gelb = 6			17 − (15) rot = 2
17 − [14] gelb = 3	16 − [9] blau = 7		20 − (13) gelb = 7
13 − [5] rosa = 8	18 − [15] blau = 3		13 − (11) rot = 2
15 − [7] blau = 8	20 − [13] blau = 7		18 − (9) rosa = 9
19 − [16] rot = 3	12 − [3] gelb = 9		15 − (8) schwarz = 7
12 − [6] gelb = 6	19 − (18) braun = 1		20 − (17) gelb = 3
17 − [12] rot = 5	15 − (12) gelb = 3		13 − (7) schwarz = 6
11 − [4] rosa = 7	16 − (10) braun = 6		11 − (6) schwarz = 5
13 − [11] rot = 2	18 − (16) gelb = 2		19 − (14) gelb = 5

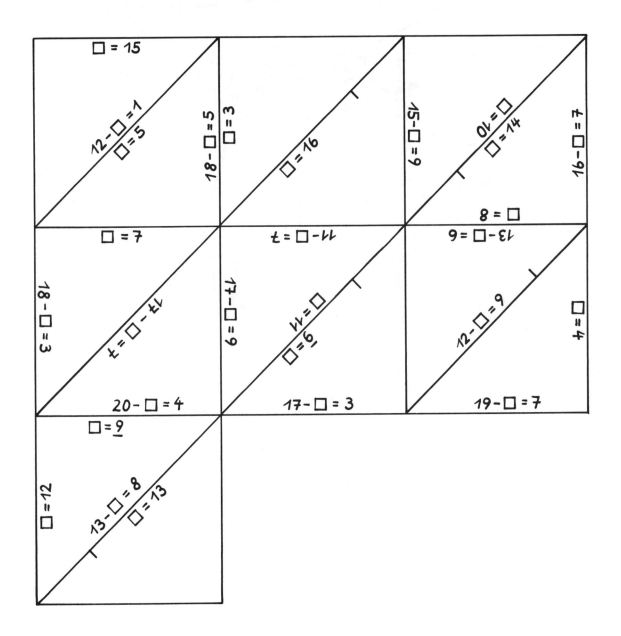

Lösungen:

Hinweis:

Auf einzelnen Dreieckseiten ist ein kleiner Strich, der als Anlegehilfe für kurze an lange Seiten dienen soll.

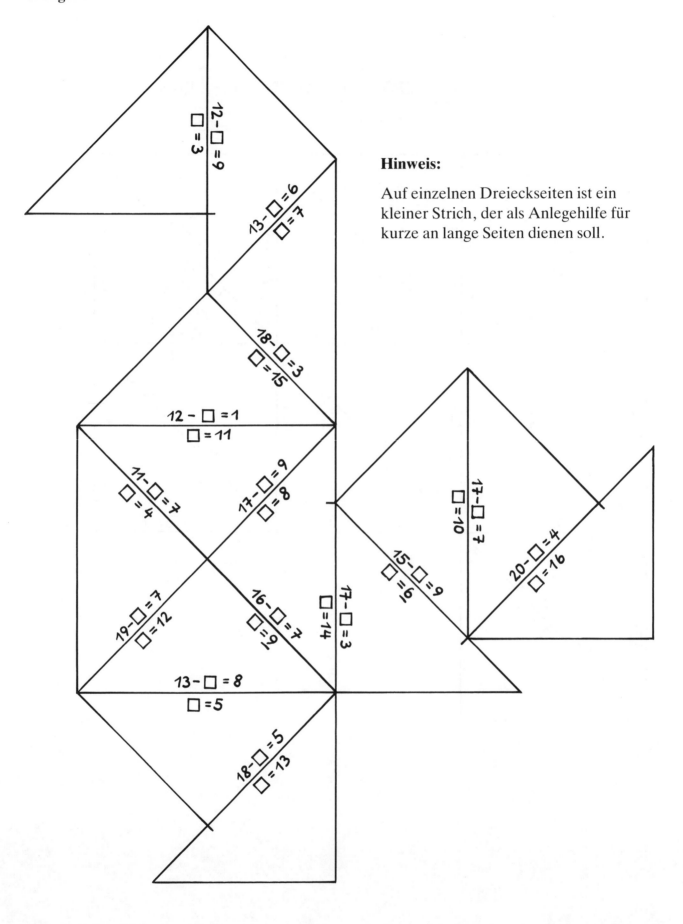

(FLÄCHEN-)DOMINO

□=2	□=7	□=18	□=3
12-□=4	15-□=3		□=12
13-□=8	□=7	□=3	12-□=9
	15-□=9	14-□=5	18-□=2

	□=17	□=12	□=6
11-□=9	11-□=2		□=13
	□=17	18-□=1	14-□=8
20-□=1			19-□=2

□=15	□=8		□=11
	□=16	14-□=0	16-□=3
11-□=4		□=8	
16-□=5	19-□=1	18-□=5	16-□=4

□=16		□=14	□=4
13-□=2	□=14		□=9
□=6		□=15	20-□=5
11-□=7	11-□=3		

□=5	□=9	□=13	□=19
□=4	□=11	19-□=3	12-□=8
11-□=6		□=5	
14-□=7	16-□=2	11-□=8	18-□=3

Lösungen:

11−☐=9 ☐=2		14−☐=0 ☐=14	
	12−☐=4 ☐=8		
20−☐=1	13−☐=8	18−☐=5	11−☐=3
☐=19	☐=5	☐=13	☐=8
12−☐=8 ☐=4		19−☐=3 ☐=16	
	11−☐=6 ☐=5		
18−☐=3	14−☐=7	11−☐=8	19−☐=1
☐=15	☐=7	☐=3	☐=18
	15−☐=3 ☐=12		
11−☐=4 ☐=7		12−☐=9 ☐=3	
16−☐=5	15−☐=9	18−☐=2	14−☐=5
☐=11	☐=6	☐=16	☐=9
16−☐=3 ☐=13		13−☐=2 ☐=11	
	14−☐=8 ☐=6		
16−☐=4	19−☐=2	11−☐=7	16−☐=2
☐=12	☐=17	☐=4	☐=14
	11−☐=2 ☐=9		
18−☐=1 ☐=17		20−☐=5 ☐=15	

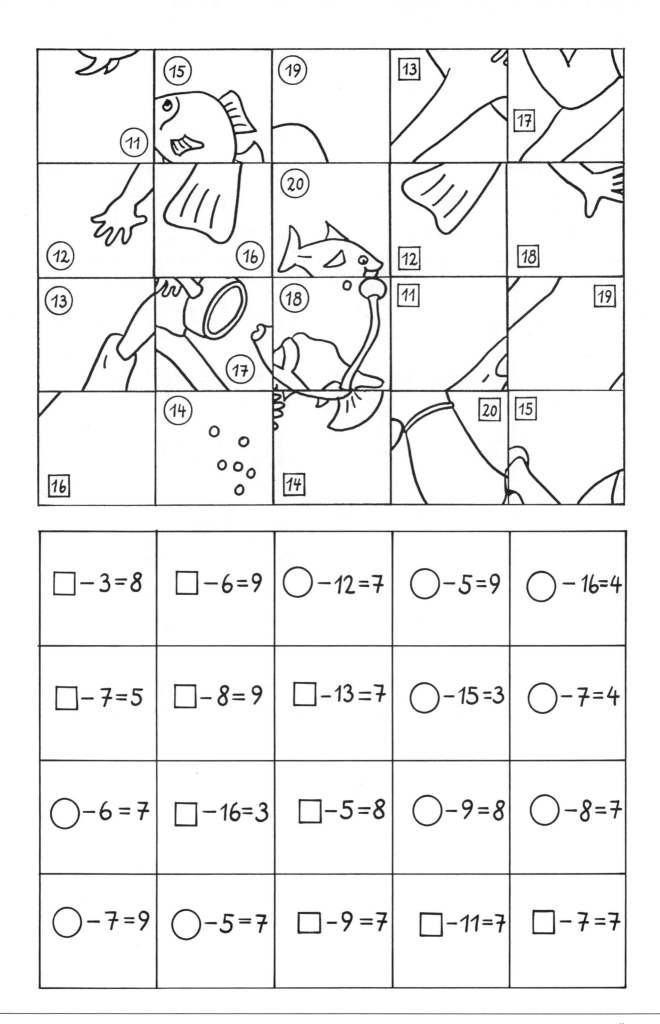

Lösungen:

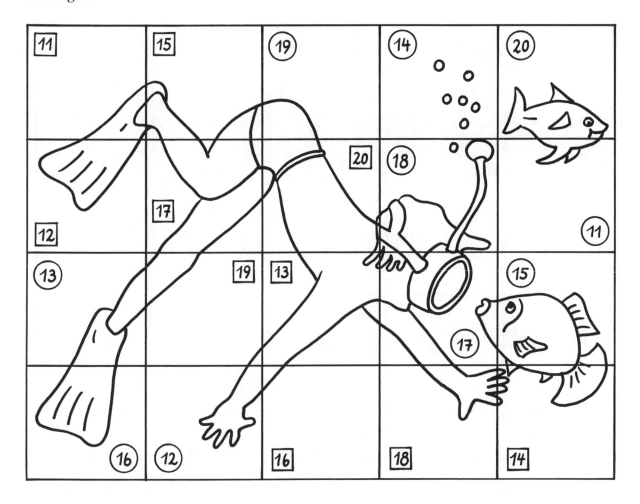

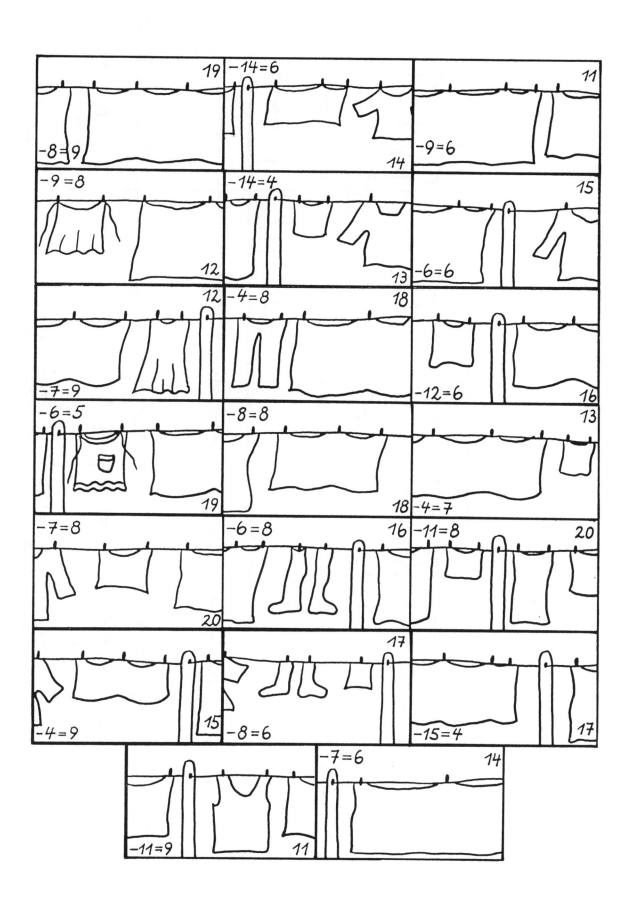

Lösungen:

11 − 14 = 6	14 − 8 = 6	17 − 9 = 8	12 − 6 = 6	15 − 7 = 8
− 11 = 9	13 − 4 = 7	13 − 7 = 6	14 − 6 = 8	16 − 8 = 8
− 12 = 6	16 − 7 = 9	12 − 4 = 8	18 − 14 = 4	13 − 4 = 9
	11 − 6 = 5			
− 9 = 6		19 − 15 = 4	17 − 8 = 9	19 − 11 = 8

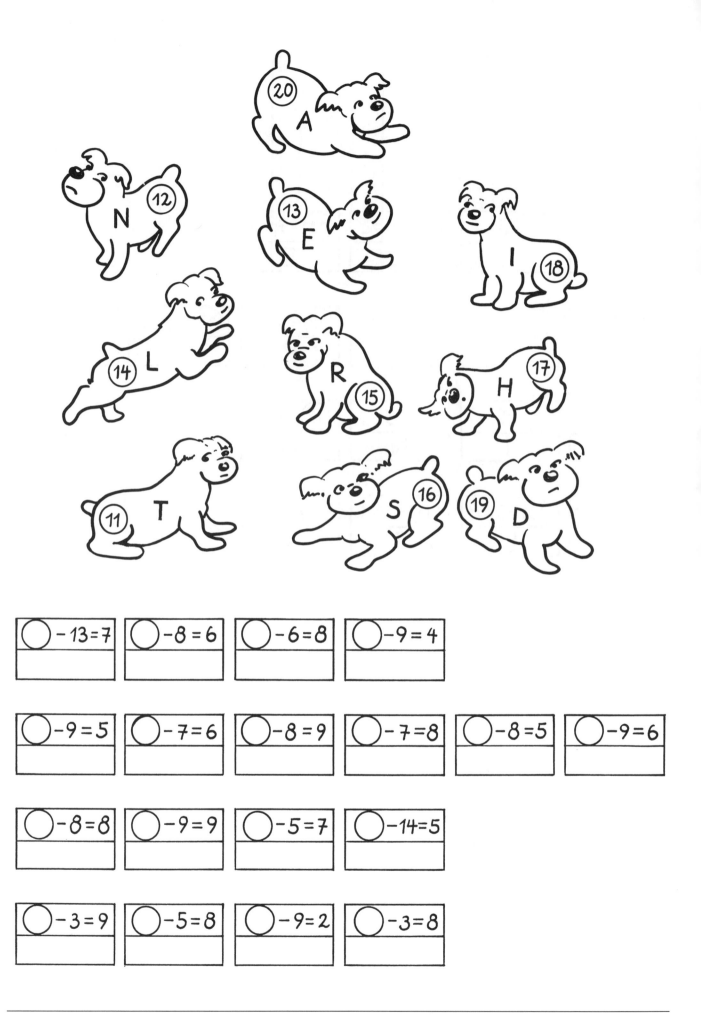

GEHEIMSCHRIFT

Lösungen:

⑳ − 13 = 7	⑭ − 8 = 6	⑭ − 6 = 8	⑬ − 9 = 4
A	L	L	E

⑭ − 9 = 5	⑬ − 7 = 6	⑰ − 8 = 9	⑮ − 7 = 8	⑬ − 8 = 5	⑮ − 9 = 6
L	E	H	R	E	R

⑯ − 8 = 8	⑱ − 9 = 9	⑫ − 5 = 7	⑲ − 14 = 5
S	I	N	D

⑫ − 3 = 9	⑬ − 5 = 8	⑪ − 9 = 2	⑪ − 3 = 8
N	E	T	T

13 − 8 = ___	11 − 8 = ___	6 + 14 = ___
9 + 9 = ___	6 + 8 = ___	7 + 9 = ___
11 − 9 = ___	13 − 9 = ___	12 − 9 = ___
8 + 4 = ___	8 + 8 = ___	8 + 5 = ___
16 − 8 = ___	11 − 7 = ___	12 − 5 = ___
3 + 9 = ___	9 + 11 = ___	4 + 9 = ___
12 − 7 = ___	13 − 11 = ___	15 − 8 = ___
7 + 11 = ___	9 + 5 = ___	9 + 8 = ___
14 − 6 = ___		5 + 12 = ___

Jedes Ergebnis kommt zweimal vor!

Aus: Krampe/Mittelmann: Rechenübungsspiele zum Zehnerübergang
für die Klassen 1 und 2
Verlag Ludwig Auer, Donauwörth · Als Kopiervorlage freigegeben

Lösungen:

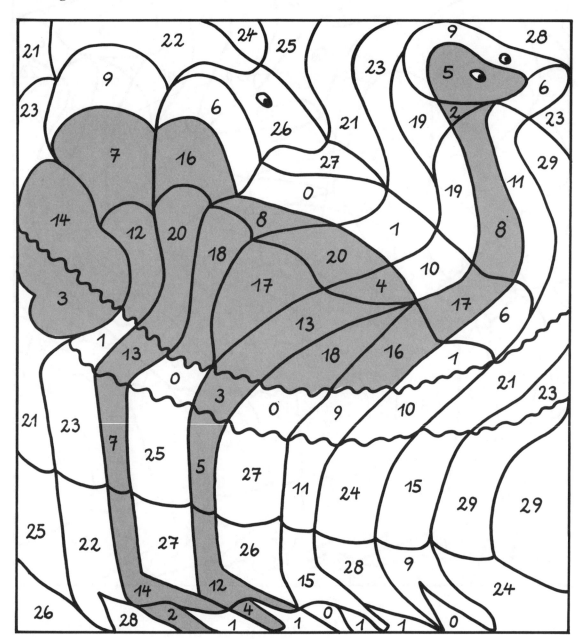

13 − 8 = 5	11 − 8 = 3	6 + 14 = 20
9 + 9 = 18	6 + 8 = 14	7 + 9 = 16
11 − 9 = 2	13 − 9 = 4	12 − 9 = 3
8 + 4 = 12	8 + 8 = 16	8 + 5 = 13
16 − 8 = 8	11 − 7 = 4	12 − 5 = 7
3 + 9 = 12	9 + 11 = 20	4 + 9 = 13
12 − 7 = 5	13 − 11 = 2	15 − 8 = 7
7 + 11 = 18	9 + 5 = 14	9 + 8 = 17
14 − 6 = 8		5 + 12 = 17

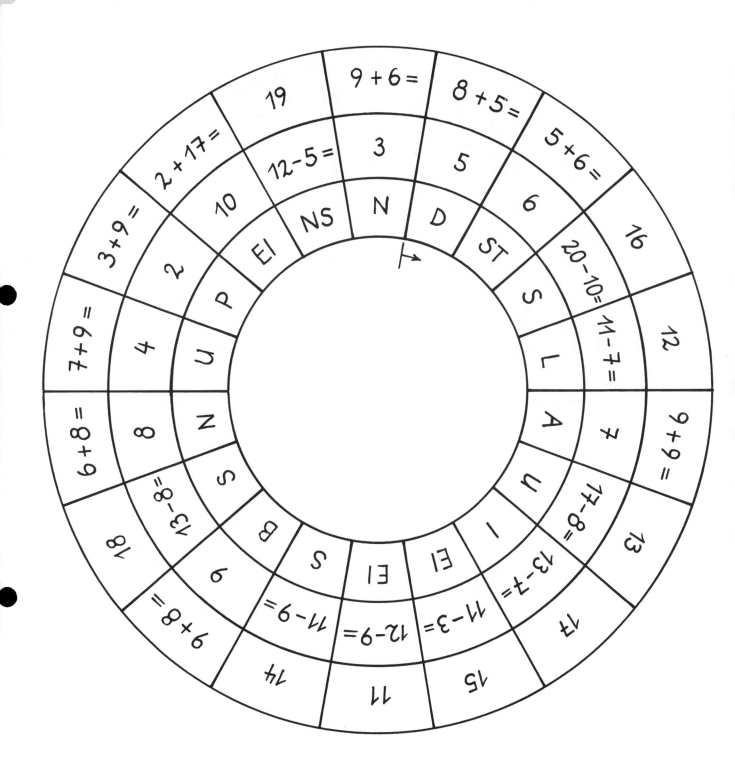

Lösungen:

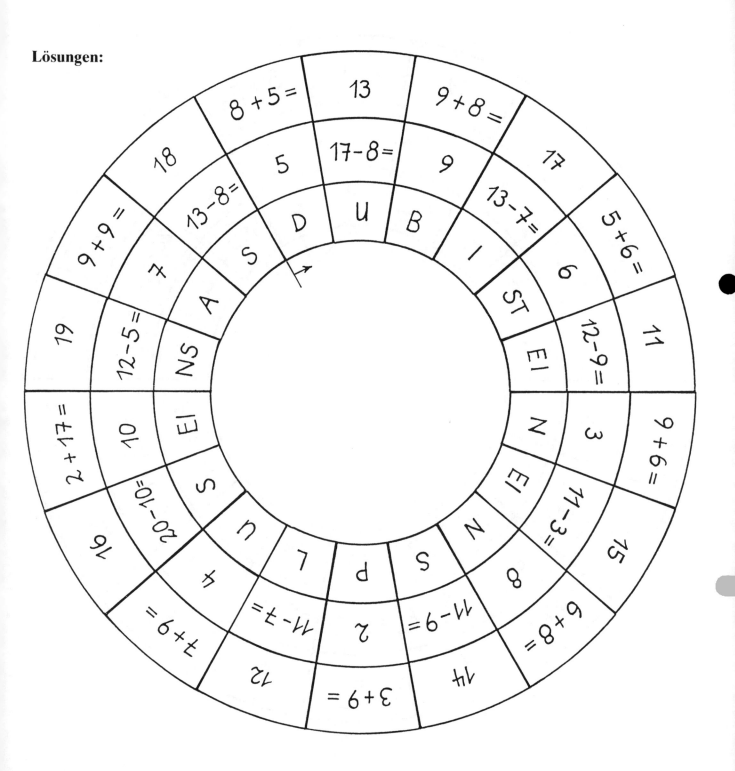

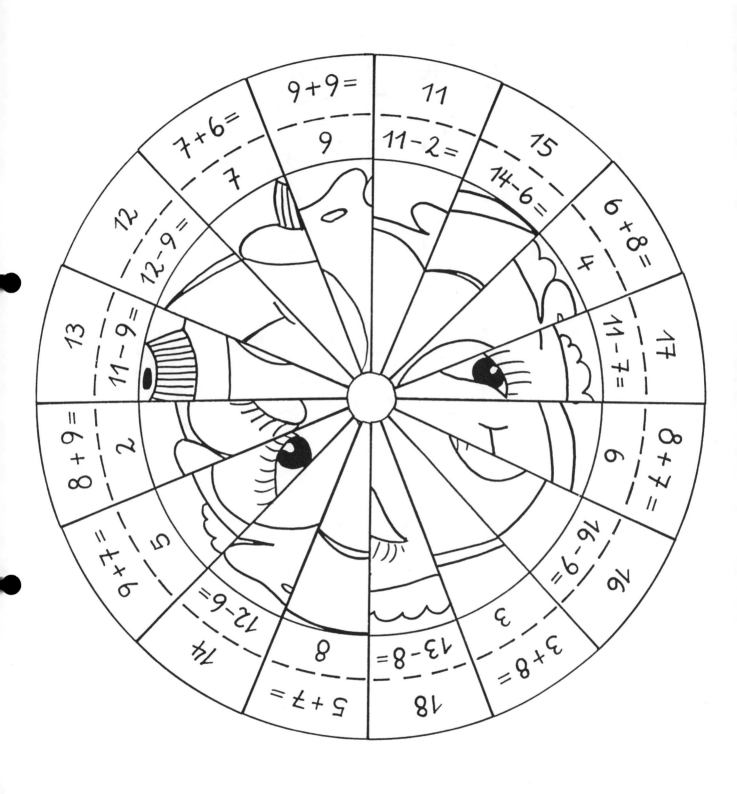

Lösungen:

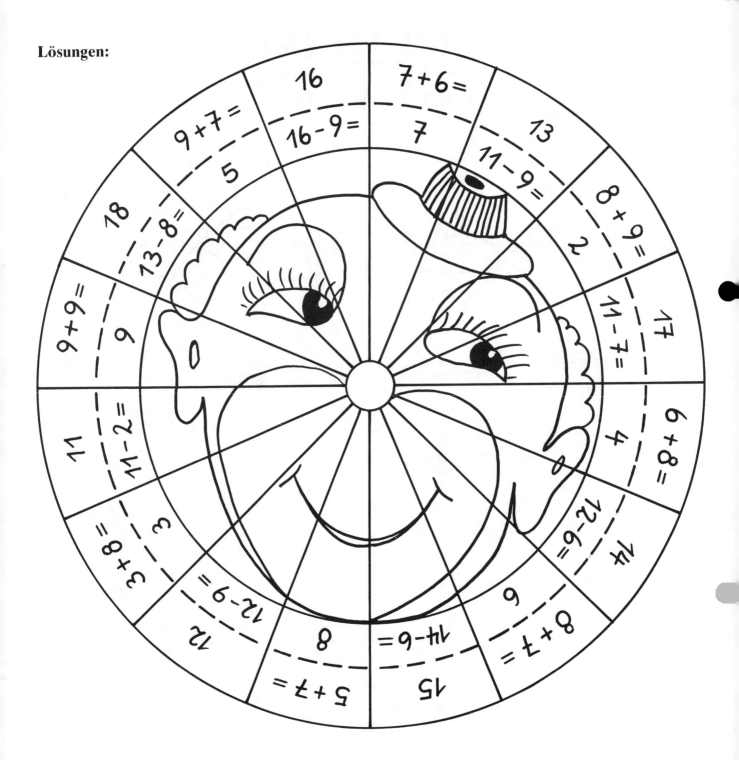

GEHEIM

Aufgabe	Ergebnis	Buchstabe
13 − 4 =		
11 − 7 =		
8 + 9 =		
14 − 8 =		
7 + 6 =		
11 − 9 =		
18 − 8 =		
12 − 5 =		
8 + 8 =		
11 − 10 =		
9 + 5 =		
9 + 9 =		
7 + 5 =		
12 − 9 =		
14 + 6 =		
8 + 7 =		
13 − 8 =		
7 + 4 =		
15 − 7 =		
10 + 9 =		

1	T
2	S
3	G
4	A
5	A
6	H
7	D
8	H
9	D
10	T
11	C
12	L
13	A
14	O
15	M
16	U
17	S
18	L
19	T
20	E

Aus: Krampe/Mittelmann: Rechenübungsspiele zum Zehnerübergang für die Klassen 1 und 2
Verlag Ludwig Auer, Donauwörth · Als Kopiervorlage freigegeben

GEHEIMSCHRIFT 1.2.4.53 ZÜ ± 42

Lösungen:

GEHEIM

Aufgabe	Er-gebnis	Buch-stabe
13 − 4 =	9	D
11 − 7 =	4	A
8 + 9 =	17	S
14 − 8 =	6	H
7 + 6 =	13	A
11 − 9 =	2	S
18 − 8 =	10	T
12 − 5 =	7	D
8 + 8 =	16	U
11 − 10 =	1	T
9 + 5 =	14	O
9 + 9 =	18	L
7 + 5 =	12	L
12 − 9 =	3	G
14 + 6 =	20	E
8 + 7 =	15	M
13 − 8 =	5	A
7 + 4 =	11	C
15 − 7 =	8	H
10 + 9 =	19	T

1	T
2	S
3	G
4	A
5	A
6	H
7	D
8	H
9	D
10	T
11	C
12	L
13	A
14	O
15	M
16	U
17	S
18	L
19	T
20	E

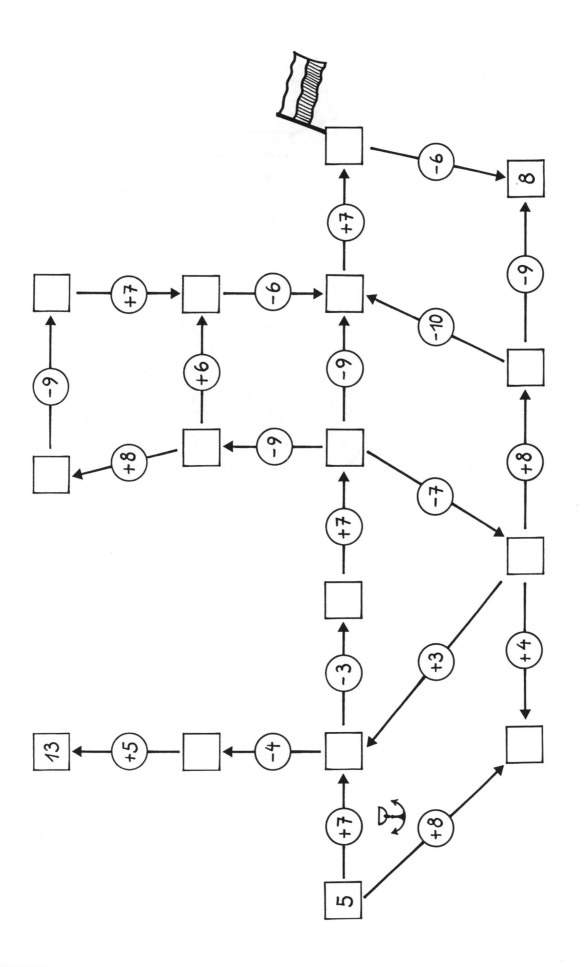

ZAHLENBAUM 1.2.4.54 ZÜ ± 43

Lösungen:

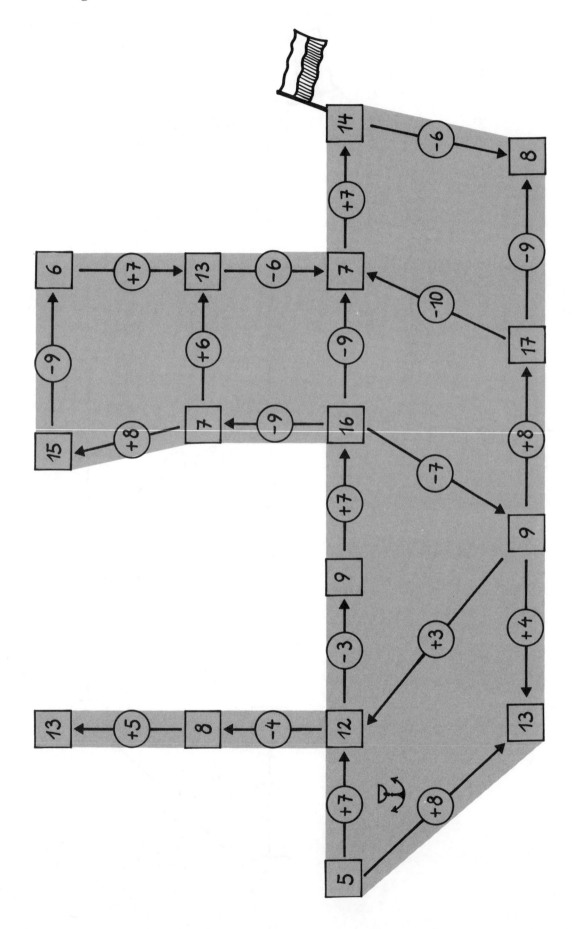

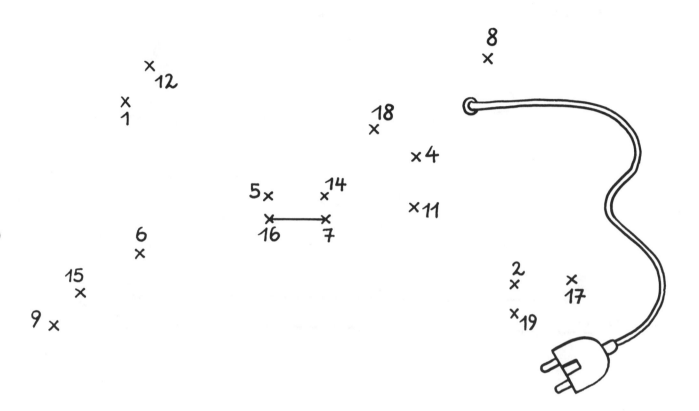

7 + 8 = ___	6 + 12 = ___	9 + 7 = ___
11 − 9 = ___	12 − 8 = ___	18 − 12 = ___
8 + 9 = ___	2 + 9 = ___	6 + 9 = ___
13 − 5 = ___	16 − 9 = ___	15 − 6 = ___
4 + 8 = ___	5 + 9 = ___	8 + 11 = ___
19 − 18 = ___	14 − 9 = ___	17 − 15 = ___

Lösungen:

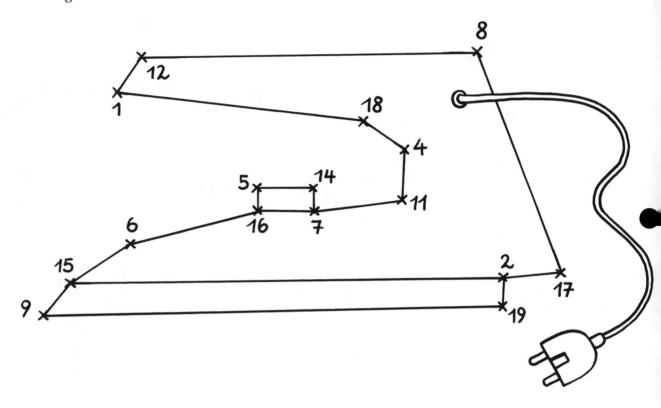

7 + 8 = <u>15</u>	6 + 12 = <u>18</u>	9 + 7 = <u>16</u>
11 − 9 = <u>2</u>	12 − 8 = <u>4</u>	18 − 12 = <u>6</u>
8 + 9 = <u>17</u>	2 + 9 = <u>11</u>	6 + 9 = <u>15</u>
13 − 5 = <u>8</u>	16 − 9 = <u>7</u>	15 − 6 = <u>9</u>
4 + 8 = <u>12</u>	5 + 9 = <u>14</u>	8 + 11 = <u>19</u>
19 − 18 = <u>1</u>	14 − 9 = <u>5</u>	17 − 15 = <u>2</u>

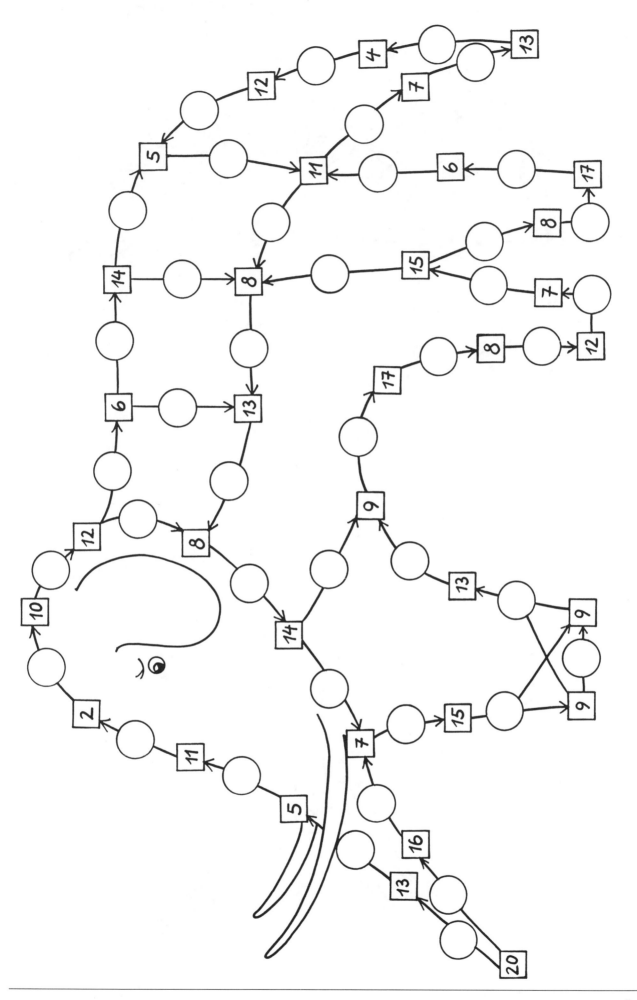

Lösungen:

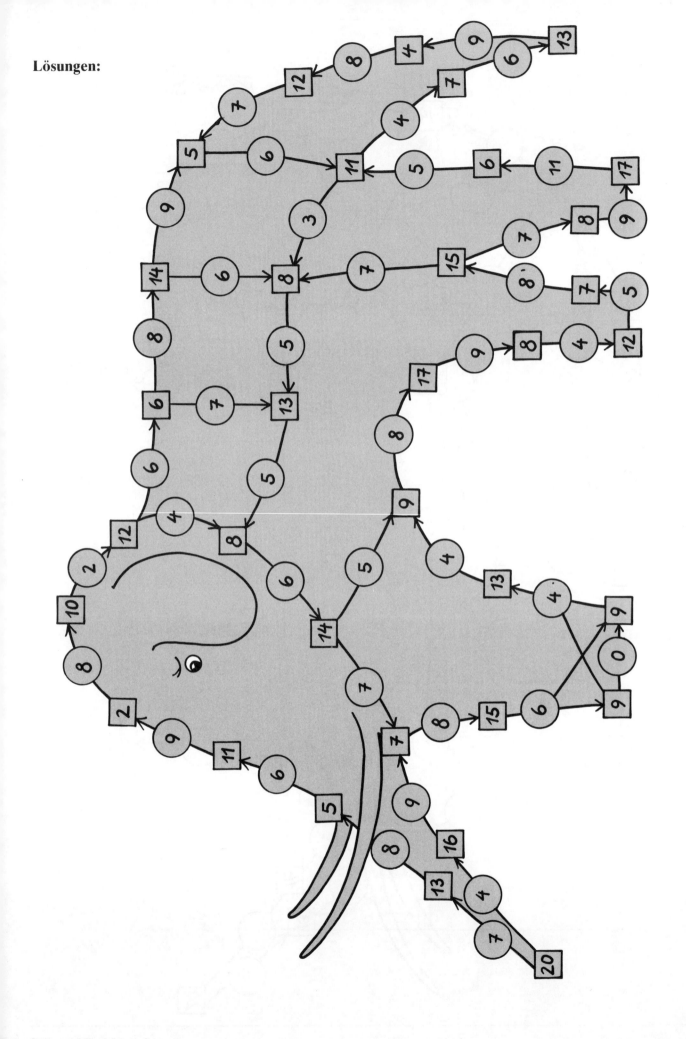

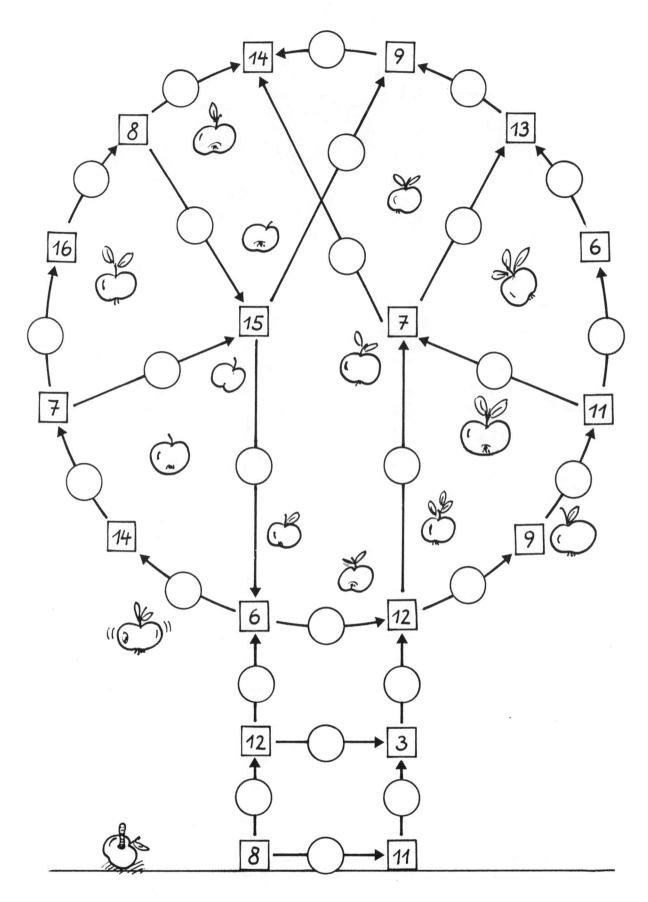

Denk auch an die Plus- und Minus-Zeichen!

Lösungen:

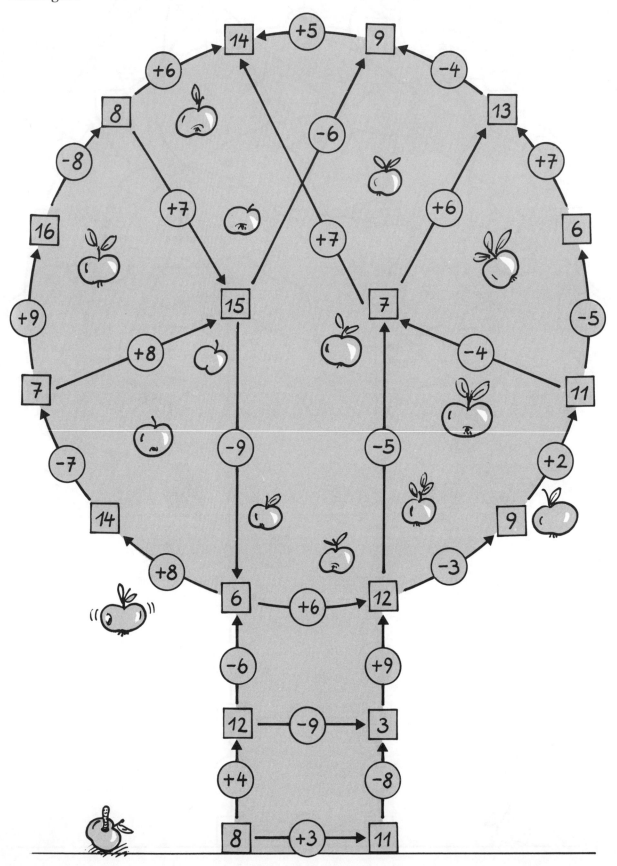

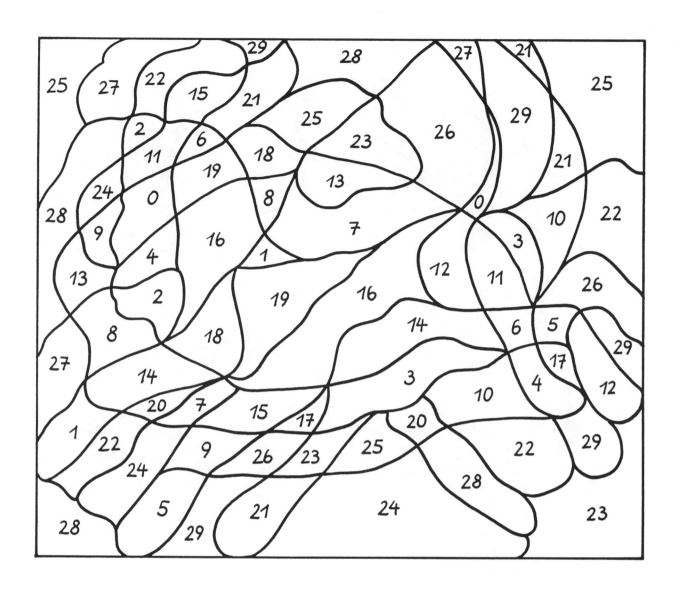

☐ − 6 = 6	☐ − 8 = 4	☐ − 5 = 9
☐ + 5 = 11	☐ + 15 = 15	☐ + 6 = 12
☐ − 7 = 8	☐ − 9 = 9	☐ − 17 = 2
☐ + 8 = 12	☐ + 14 = 15	☐ + 4 = 13
☐ − 6 = 5	☐ − 13 = 5	☐ − 7 = 7
☐ + 11 = 12	☐ + 18 = 18	☐ + 9 = 14
☐ − 8 = 7	☐ − 15 = 4	☐ − 7 = 9
☐ + 9 = 13	☐ + 6 = 15	☐ + 6 = 11
☐ − 3 = 8		☐ − 13 = 3

Jedes Ergebnis kommt zweimal vor!

Aus: Krampe/Mittelmann: Rechenübungsspiele zum Zehnerübergang
für die Klassen 1 und 2
Verlag Ludwig Auer, Donauwörth · Als Kopiervorlage freigegeben

AUSMALEN 1.2.4.58 ZÜ ± 47

Lösungen:

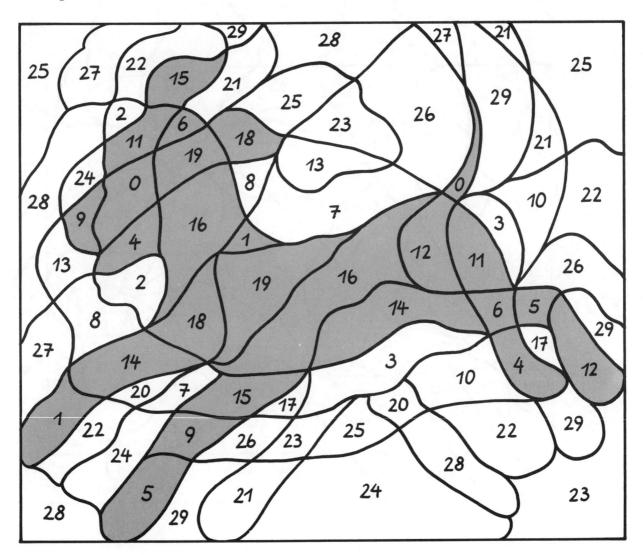

$\boxed{12} - 6 = 6$	$\boxed{12} - 8 = 4$	$\boxed{14} - 5 = 9$
$\boxed{6} + 5 = 11$	$\boxed{0} + 15 = 15$	$\boxed{6} + 6 = 12$
$\boxed{15} - 7 = 8$	$\boxed{18} - 9 = 9$	$\boxed{19} - 17 = 2$
$\boxed{4} + 8 = 12$	$\boxed{1} + 14 = 15$	$\boxed{9} + 4 = 13$
$\boxed{11} - 6 = 5$	$\boxed{18} - 13 = 5$	$\boxed{14} - 7 = 7$
$\boxed{1} + 11 = 12$	$\boxed{0} + 18 = 18$	$\boxed{5} + 9 = 14$
$\boxed{15} - 8 = 7$	$\boxed{19} - 15 = 4$	$\boxed{16} - 7 = 9$
$\boxed{4} + 9 = 13$	$\boxed{9} + 6 = 15$	$\boxed{5} + 6 = 11$
$\boxed{11} - 3 = 8$		$\boxed{16} - 13 = 3$

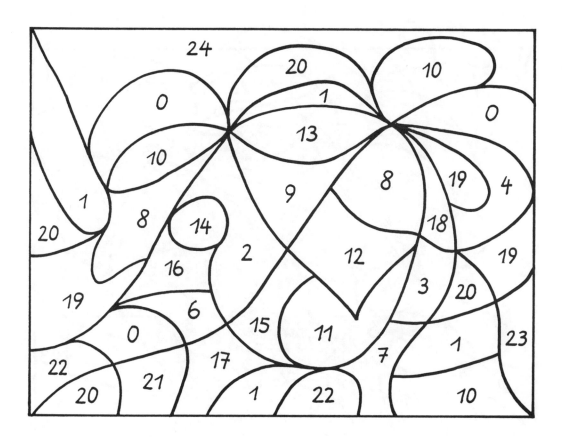

___ − 8 = 6	___ + 4 = 13
___ − 4 = 7	___ − 9 = 9
___ + 8 = 12	___ − 8 = 8
___ + 5 = 11	___ + 5 = 13
___ − 5 = 8	___ + 9 = 11
___ + 6 = 14	___ − 7 = 8
___ − 3 = 9	___ − 9 = 8
___ + 8 = 15	___ + 8 = 11

Lösungen:

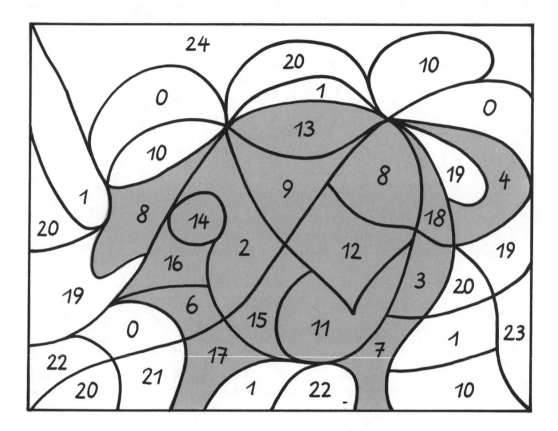

$14 - 8 = 6$ $9 + 4 = 13$

$11 - 4 = 7$ $18 - 9 = 9$

$4 + 8 = 12$ $16 - 8 = 8$

$6 + 5 = 11$ $8 + 5 = 13$

$13 - 5 = 8$ $2 + 9 = 11$

$8 + 6 = 14$ $15 - 7 = 8$

$12 - 3 = 9$ $17 - 9 = 8$

$7 + 8 = 15$ $3 + 8 = 11$

8 + 3 − 4 = ___	9 + 6 − 7 = ___	14 − 5 + 9 = ___
17 − 8 + 3 = ___	18 − 12 + 7 = ___	2 + 9 − 8 = ___
6 + 6 − 8 = ___	5 + 8 − 4 = ___	12 − 5 + 4 = ___
15 − 6 + 7 = ___	19 − 11 + 7 = ___	8 + 6 − 12 = ___
7 + 4 − 10 = ___	3 + 13 − 11 = ___	18 − 13 + 14 = ___
11 − 8 + 11 = ___	16 − 8 + 9 = ___	5 + 9 − 4 = ___
	4 + 9 − 7 = ___	

Aus: Krampe/Mittelmann: Rechenübungsspiele zum Zehnerübergang für die Klassen 1 und 2
Verlag Ludwig Auer, Donauwörth · Als Kopiervorlage freigegeben

BILDER AUS PUNKTEN

Lösungen:

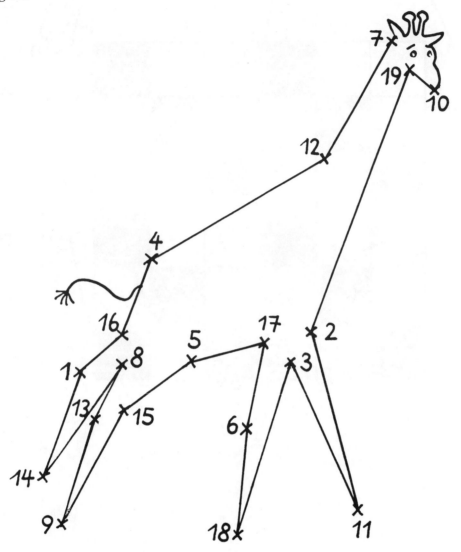

8 + 3 − 4 = <u>7</u>	9 + 6 − 7 = <u>8</u>	14 − 5 + 9 = <u>18</u>
17 − 8 + 3 = <u>12</u>	18 − 12 + 7 = <u>13</u>	2 + 9 − 8 = <u>3</u>
6 + 6 − 8 = <u>4</u>	5 + 8 − 4 = <u>9</u>	12 − 5 + 4 = <u>11</u>
15 − 6 + 7 = <u>16</u>	19 − 11 + 7 = <u>15</u>	8 + 6 − 12 = <u>2</u>
7 + 4 − 10 = <u>1</u>	3 + 13 − 11 = <u>5</u>	18 − 13 + 14 = <u>19</u>
11 − 8 + 11 = <u>14</u>	16 − 8 + 9 = <u>17</u>	5 + 9 − 4 = <u>10</u>
	4 + 9 − 7 = <u>6</u>	

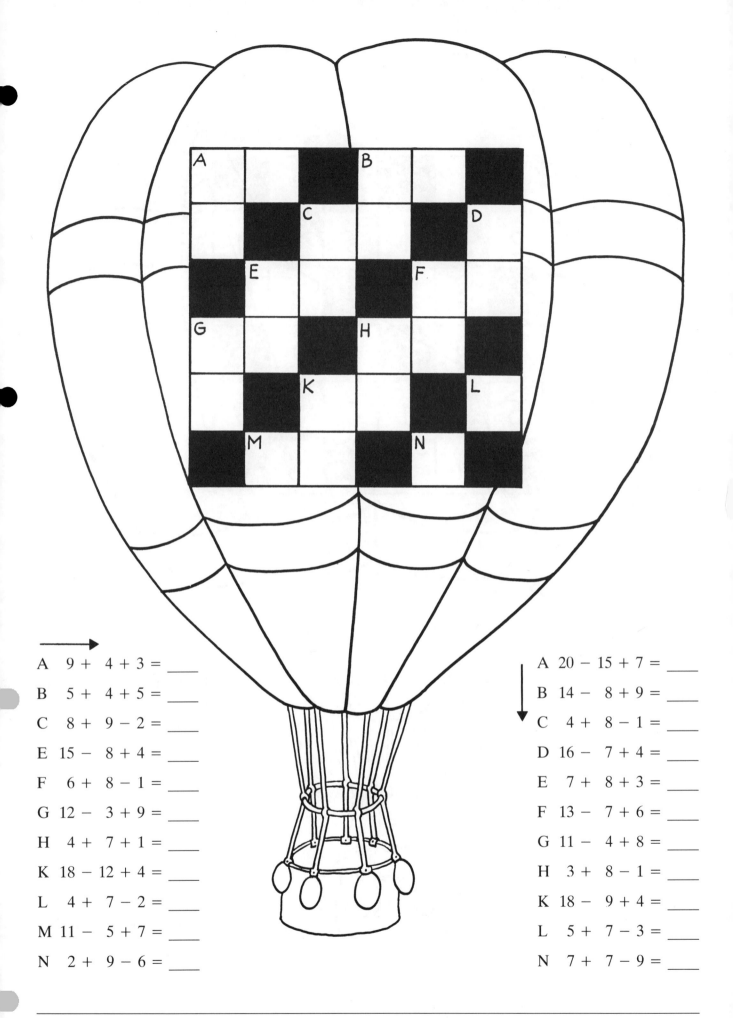

→
A 9 + 4 + 3 = ___
B 5 + 4 + 5 = ___
C 8 + 9 − 2 = ___
E 15 − 8 + 4 = ___
F 6 + 8 − 1 = ___
G 12 − 3 + 9 = ___
H 4 + 7 + 1 = ___
K 18 − 12 + 4 = ___
L 4 + 7 − 2 = ___
M 11 − 5 + 7 = ___
N 2 + 9 − 6 = ___

↓
A 20 − 15 + 7 = ___
B 14 − 8 + 9 = ___
C 4 + 8 − 1 = ___
D 16 − 7 + 4 = ___
E 7 + 8 + 3 = ___
F 13 − 7 + 6 = ___
G 11 − 4 + 8 = ___
H 3 + 8 − 1 = ___
K 18 − 9 + 4 = ___
L 5 + 7 − 3 = ___
N 7 + 7 − 9 = ___

Aus: Krampe/Mittelmann: Rechenübungsspiele zum Zehnerübergang KREUZZAHLRÄTSEL **1.2.4.61** ZÜ ± 50
für die Klassen 1 und 2
Verlag Ludwig Auer, Donauwörth · Als Kopiervorlage freigegeben

Lösungen:

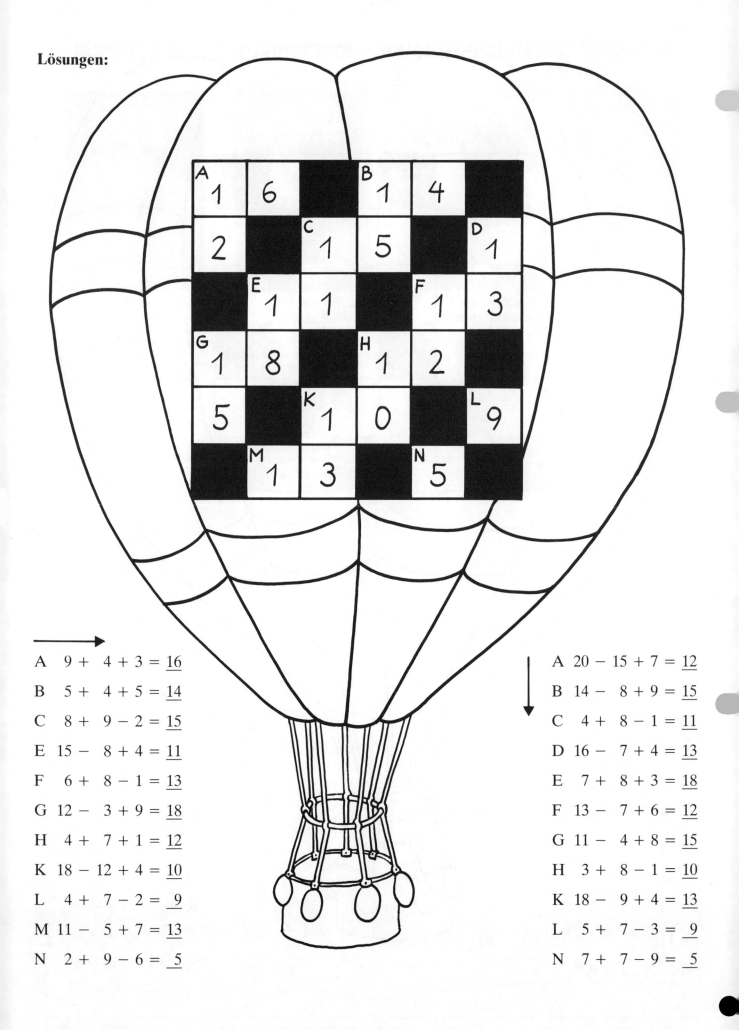

→

A $9 + 4 + 3 = \underline{16}$
B $5 + 4 + 5 = \underline{14}$
C $8 + 9 - 2 = \underline{15}$
E $15 - 8 + 4 = \underline{11}$
F $6 + 8 - 1 = \underline{13}$
G $12 - 3 + 9 = \underline{18}$
H $4 + 7 + 1 = \underline{12}$
K $18 - 12 + 4 = \underline{10}$
L $4 + 7 - 2 = \underline{\ 9}$
M $11 - 5 + 7 = \underline{13}$
N $2 + 9 - 6 = \underline{\ 5}$

↓

A $20 - 15 + 7 = \underline{12}$
B $14 - 8 + 9 = \underline{15}$
C $4 + 8 - 1 = \underline{11}$
D $16 - 7 + 4 = \underline{13}$
E $7 + 8 + 3 = \underline{18}$
F $13 - 7 + 6 = \underline{12}$
G $11 - 4 + 8 = \underline{15}$
H $3 + 8 - 1 = \underline{10}$
K $18 - 9 + 4 = \underline{13}$
L $5 + 7 - 3 = \underline{\ 9}$
N $7 + 7 - 9 = \underline{\ 5}$

Rechenspaß mit Rechenspielen – Mathematik leicht gemacht

Krampe, Mittelmann
Rechenspiele für die Klassen 1/2
Mit 76 Kopiervorlagen
Best.-Nr. **1488**

Krampe, Mittelmann
Rechenspiele für die Klassen 3/4
Mit 75 Kopiervorlagen
Best.-Nr. **1495**

Krampe, Mittelmann, Kern
Schülergerechter Mathematikunterricht in den Klassen 1/2
Erprobte Entwürfe und Beispiele.
192 Seiten. Kartoniert
Best.-Nr. **1456**

Krampe, Mittelmann
Schülergerechter Mathematikunterricht in den Klassen 3/4
Erprobte Entwürfe und Beispiele.
224 Seiten. Kartoniert
Best.-Nr. **1476**

Krampe, Mittelmann
Rechenspiele für die Klasse 1
Mit 42 Kopiervorlagen
(Ergänzungslieferung)
Best.-Nr. **1600**

Krampe, Mittelmann
Rechenspiele für die Klasse 2
Mit 37 Kopiervorlagen
(Ergänzungslieferung)
Best.-Nr. **1613**

Krampe, Mittelmann
Rechenspiele für die Klasse 3
Mit 36 Kopiervorlagen
(Ergänzungslieferung)
Best.-Nr. **1667**

Krampe, Mittelmann
Rechenspiele für die Klasse 4
Mit 41 Kopiervorlagen
(Ergänzungslieferung)
Best.-Nr. **1775**

Krampe, Mittelmann
Rechenübungsspiele zum Zehnerübergang für die Klassen 1 und 2
Mit 50 Kopiervorlagen
Best.-Nr. **1937**

Krampe, Mittelmann
Rechenübungsspiele zum 1×1 für die Klassen 2 und 3
Mit 50 Kopiervorlagen
Best.-Nr. **1938**

BESTELLCOUPON
Ich/Wir bestelle(n) zu den Bezugsbedingungen des Verlags

Anzahl	Best.-Nr.	Autor, Kurztitel

Datum

Unterschrift

Bitte Absender umseitig nicht vergessen!

Bestellcoupon ausschneiden oder einfach kopieren!

Verlag Ludwig Auer
Postfach 1152, 86601 Donauwörth, Telefon 0906/73-2 40
Calvisiusstraße 17, 04177 Leipzig, Telefon 0341/441 48 64
Hannöversche Str. 24, 44143 Dortmund, Telefon 0231/59 97 17

Rechenspaß mit Rechenspielen – Mathematik leicht gemacht

Krampe, Mittelmann
Rechenübungsspiele zur schriftlichen Addition und Subtraktion
Mit 50 Kopiervorlagen
Best.-Nr. **2009**

Krampe, Mittelmann
Rechenübungsspiele zur Addition und Subtraktion bis 100
Mit 50 Kopiervorlagen
Best.-Nr. **2151**

Krampe, Mittelmann
Rechenübungsspiele zur mündlichen Addition und Subtraktion bis 1000
Mit 50 Kopiervorlagen
Best.-Nr. **2248**

Krampe, Mittelmann
Rechenspiele für die Klasse 5
Mit 50 Kopiervorlagen
Best.-Nr. **1780**

Krampe, Mittelmann
Rechenspiele für die Klasse 6
Mit 50 Kopiervorlagen.
Best.-Nr. **1820**

Krampe, Mittelmann
Rechenspiele für die Klasse 7
Mit 50 Kopiervorlagen.
Best.-Nr. **1886**

Krampe, Mittelmann
Schülergerechter Mathematikunterricht in den Klassen 5/6
Erprobte Entwürfe und Beispiele.
208 Seiten. Kartoniert.
Best.-Nr. **1377**

Bitte ausschneiden und über Ihre Buchhandlung einsenden an:

**Verlag Ludwig Auer
Postfach 1152**

86601 Donauwörth

Meine Anschrift lautet:

_____
Vorname

_____
Name

_____
Straße

_____
Ort

Deutsch macht Spaß mit neuen Spielen!

Krampe, Mittelmann
Rechtschreibspiele für die Klasse 2
50 Kopiervorlagen zum Grundwortschatz.
Best.-Nr. **1972**

Krampe, Mittelmann
Rechtschreibspiele für die Klasse 3
50 Kopiervorlagen zum Grundwortschatz.
Best.-Nr. **2064**

Krampe, Mittelmann
Rechtschreibspiele für die Klasse 4
50 Kopiervorlagen zum Grundwortschatz.
Best.-Nr. **2065**

Krampe, Mittelmann
Grammatikspiele für die Klassen 3/4
50 Kopiervorlagen zur Sprachbetrachtung.
Best.-Nr. **2325**

Das Übungsprogramm zum Grundwortschatz

Krampe, Mittelmann
Mein Grundwortschatz in Wochennachschriften – Ausgabe N
2. Jahrgangsstufe
Lateinische Ausgangsschrift Best.-Nr. **1982**
Vereinfachte Ausgangsschrift Best.-Nr. **1624**
Schulausgangsschrift 1968 Best.-Nr. **2235**
Lehrerheft Best.-Nr. **1625**

Krampe, Mittelmann
Mein Grundwortschatz in Wochennachschriften – Ausgabe N
3. Jahrgangsstufe
Lateinische Ausgangsschrift Best.-Nr. **1983**
Vereinfachte Ausgangsschrift Best.-Nr. **1662**
Schulausgangsschrift 1968 Best.-Nr. **2236**
Lehrerheft Best.-Nr. **1663**

Krampe, Mittelmann
Mein Grundwortschatz in Wochennachschriften – Ausgabe N
4. Jahrgangsstufe
Lateinische Ausgangsschrift Best.-Nr. **1984**
Vereinfachte Ausgangsschrift Best.-Nr. **1698**
Schulausgangsschrift 1968 Best.-Nr. **2237**
Lehrerheft Best.-Nr. **1712**

Bitte ausschneiden und über Ihre Buchhandlung einsenden an:

Verlag Ludwig Auer
Postfach 1152

86601 Donauwörth

Meine Anschrift lautet:

Vorname _____

Name _____

Straße _____

Ort _____

BESTELLCOUPON
Ich/Wir bestelle(n) zu den Bezugsbedingungen des Verlags

Anzahl	Best.-Nr.	Autor, Kurztitel

Datum _____

Unterschrift _____

Bitte Absender nicht vergessen!

Bestellcoupon ausschneiden oder einfach kopieren!

Raum für Notizen